国家新闻出版广电总局向全国青少年推荐百种优秀图书

跟挫折说再见

第2版

主　编　尹称心

西南师范大学出版社
国家一级出版社　全国百佳图书出版单位

图书在版编目(CIP)数据

跟挫折说再见 / 尹称心主编. 一 重庆：西南师范大学出版社，2014.3

(青少年心灵氧吧丛书)

ISBN 978-7-5621-6589-7

Ⅰ. ①跟… Ⅱ. ①尹… Ⅲ. ①青少年－心理健康－健康教育 Ⅳ. ①G479

中国版本图书馆CIP数据核字(2014)第001736号

青少年心灵氧吧丛书

总主编：高雪梅 李 红 策 划：米加德 郑持军

跟挫折说再见

GEN CUOZHE SHUO ZAIJIAN

主编 尹称心

责任编辑：钟小族

封面设计：畅想设计

插图设计：覃 峻

出版发行：西南师范大学出版社

地址：重庆市北碚区天生路1号

邮编：400715 市场营销部电话：023-68868624

http: //www.xscbs.com

经 销：新华书店

印 刷：重庆紫石东南印务有限公司

开 本：720mm×910mm 1/16

印 张：10

字 数：120千字

版 次：2018年11月第2版

印 次：2018年11月第6次印刷

书 号：ISBN 978-7-5621-6589-7

定 价：30.00元

衷心感谢被收入本书的图文资料的原作者，由于条件限制，暂时无法和部分原作者取得联系。恳请这些原作者与我们联系，以便付酬并奉送样书。

青少年心灵氧吧丛书

编委会

给青少年朋友的一封信

亲爱的青少年朋友：

你们好！我是一名中学心理教师，在生活中经常和青少年朋友谈心，倾听他们的故事，与他们一起分享成长中的酸甜苦辣。有时为他们的执着而感动，有时为他们的伤心而焦虑，有时为他们的不幸遭遇而难过……我时常想，如果能把他们面对挫折的故事整理出来，分享给广大的青少年朋友，大家一定也会从他们的故事中汲取一些力量。

人们都希望自己的生活中能够多一些快乐，少一些痛苦，多一些顺利，少一些挫折，可是命运却似乎总爱捉弄人、折磨人，总是给人以更多的失落、痛苦和挫折。有这样一则故事。草地上有一个蛹，被一个小孩发现并带回了家。过了几天，蛹上出现了一道小裂缝，里面的蝴蝶身子似乎被卡住了，挣扎了好长时间，一直出不来。天真的孩子看到蛹中的蝴蝶痛苦挣扎的样子十分不忍。于是，他便拿起剪刀把壳剪开，帮助蝴蝶脱蛹出来。然而，由于这只蝴蝶没有经过破壳之前的痛苦挣扎，以致出壳后身躯臃肿，翅膀干瘪，根本飞不起来，不久就死了。自然，这只蝴蝶的欢乐也就随着它的死亡而永远消失了。这个小故事也说明了一个人生的道理，要得到欢乐就必须能够承受痛苦和挫折。这是对人的磨炼，也是一个人成长必经的过程。

当你面对学业、家庭、人际关系等方面的困难时，你是能够把这些当作成长过程中的必经之路，细心、理智地去想应对办法，最后破茧而出、化蛹为蝶，还是选择自暴自弃，甘愿被挫折打败呢？

身处逆境并不可怕，可怕的是我们失去了战胜困难的勇气与自信心，失去了对美好未来的期待。只要我们的生命没有停止，生活也就没有到达终点。我们不要羡慕他人平稳的生活，不要畏惧苦闷和烦恼。假如我们有足够的信念，这一切就将成为我们生命的动力。

因此，我们绝不能放弃对明天的希望。生活就是因为有了希望，才会变得如此灿烂和充满阳光；生活就是因为有了希望，生命才会有延续的渴望；生活就是因为有了希望，亲情才会不断令人向往。清晨，当东方升起一丝薄曦的时候，一个新的太阳就会从那里升起，将灿烂的阳光洒向人间，无私地奉献给人们。我们看看自己熟悉的面庞、灿烂的笑容，给自己注入一份充满希望的憧憬，拥有一份快乐的心情，满怀信心地投入新的一天中去。

勇敢地抬起头，迈开腿，把挫折远远地甩在身后。

潇洒地说一声，挫折，拜拜啦！

编者

目录
CONTENTS

第一篇　不经历风雨，怎能见彩虹

人生是一条漫长的旅途。有平坦的大道，也有崎岖的小路；有灿烂的鲜花，也有密布的荆棘。在成长的过程中，我们会遇到各种挫折：考试失利，是挫折；不幸染病，是挫折；不小心摔跤，也是挫折。

人生因经历挫折而丰富多彩。例如曹雪芹，正是因为他经历了曹家的败落，从富贵家庭到家道中落的巨大落差，才使他深刻体验到了所谓"世家"令人羡慕背后的空虚与悲哀，体会到了平民百姓的痛苦与艰难，最终书写了旷世奇书《红楼梦》，在历史的长河中与日月齐辉！

挫折是人生的必然经历，既然无法躲避，就让我们乐观面对，战胜挫折，赢得快乐！

一、大海里没有不受伤的船

从不获胜的人很少失败，从不攀登的人很少跌跤。

——惠蒂尔

心情故事

面对考试失败

开学后，连续几次单元测验，我都考得非常不错，即使上课不听也可以考得不错，所以就自认为很厉害，于是第二个月便开始放纵自己，上课睡觉、玩手机，老师讲的内容一点也没有听进去。

一次测验后，当我拿到成绩时，我就茫然了，为什么？为什么？为什么这次我会考得那么差，我很厉害的啊，为什么会这样？当那些曾经考试成绩跟我差了一大半的同学拿出很高的分数来我面前晃时，我真的很有压力，真的很郁闷！

从那一刻起，我就想把内心充满的压力化为动力，努力学习，但是发现我根本学不进去了。我就像一匹草原上放纵的野马，想收却收不住了。

心理解码

骄兵必败，不错，在学习上也是这样。当你感觉良好而忽略学习时，必然会得到这样的结果，随后想学却学不进去，这种现象在中学生中普遍存在。一方面，因为习惯使然，良好学习习惯的形成不是一朝一夕的事情，需要坚持，从坏的学习习惯过渡到好的学习习惯也需要时间和努力；另一方面，中学生内心不能接受自己的失败，习惯了成绩高高在上的感觉，对失败难以接受，在学习时伴随着负面情绪体验，因而很难将注意力集中在学习上。

因学习而产生的烦恼在青少年中是非常普遍的，如缺乏学习兴趣、不喜欢某些学科、学习方法不够高效、考试成绩不理想被父母批评等。例如以下方面。

第一，由于前面的知识没有掌握好，导致学习受挫，丧失信心。

第二，学习的内容枯燥、抽象，对内容不感兴趣。

第三，学习的动力不足，缺乏学习积极性或意志力薄弱。

第四，分心。考虑太多其他的事情或可供选择的太多，妨碍了有效的学习。

第五，之前的学习习惯不是很好，一直没有养成好好学习的习惯，所以现在想学习却适应不了，无从下手。

第六，目标定得太高，想一口吃成胖子。

第七，与身体状况有关，如没休息好、精神不佳、不在学习状态等；也可能与学生某个时间段的状态有关，心情不好的情况下也学不进去。

我曾经在学生中做过一个调查，发现中学生最苦恼的事情就是学习压力。如果你也在学习方面遇到了各种困惑，请不必太担心，大家都和你一样。很多时候，人们容易沉浸在自己的伤痛中，以为只有自己才会遇到这么困难的事情，就觉得自己非常的不幸。事实上，学习上的困惑是每一个学生都会遇到的，所以当自己遇到相关的学习困扰时，请不要伤心，坦然地去面对它。

怎样才能让自己进入良好的学习状态

1. 寻找动力。动力来自哪里？动力来自对未来美好生活的想象与憧憬。现在学习各种知识，是为了自己能够拥有一个辉煌的未来，为了今后的人生得到更好的发展，或者能够过上更为舒适的生活。这种对未来的憧憬能驱使自己为克服困难而不断努力。有一个学生，他的目标是考上某重点高中，他在初二时去这所高中走了一圈，拍了很多照片回来，每天放一张照片在口袋里，只要不想读书了，他就拿一张照片出来，对自己说："某某高中，我来了。"于是他浑身像加了油的汽车一样，有使不完的劲。

2. 在学习中找乐趣，找成功的感觉。可以先从一些简单的题目做起，逐步培养自信，减少无聊、无意义的活动。

3. 注意劳逸结合。如果压力太大或太疲劳，先放下紧张的心情，出去放松一下，如参加一些体育活动，然后静下心来，把精力都投入学习中。

4. 用意志来调节自己的行为。在学习、生活中，我们经常会碰到一些吸引和扰乱心思的事情，这就需要学会自我控制。首先完成目前的任务，然后去从事那些无关紧要的事，久而久之就会养成一种良好的习惯。实践证明，每一次成功都会使意志力进一步增强。

5. 学习小技巧。(1) 不妨给自己限定一些时间。长时间的学习很容易使自己产生厌烦情绪，这时可以把功课分成若干个部分，每一部分限定时间完成，例如一小时内完成这份练习，八点以前做完那份测试题，等等，这样不仅有助于提高效率，还不会产生疲劳感。(2) 不要在学习的同时干其他事或想其他事，如边学习边听音乐，一心不能二用的道理谁都明白。(3) 不要整个晚上都复习同一门功课。有的人用一个晚上来看数学或物理，实践证明，这样做不但容易疲劳，而且效果也很差。如果每晚安排复习两三门功课，学习效果会比较好。

一只受伤的轮船

英国劳埃德保险公司曾从拍卖市场买下一艘船，并捐献给国家。这艘船现在就停泊在英国萨伦港的国家船舶博物馆。

这艘船 1894 年下水，在大西洋上曾 138 次遭遇冰山，116 次触礁，13 次起火，207 次被风暴扭断桅杆。虽然它伤痕累累，但从未沉没过，依然负重前行。

使这艘船扬名天下的是一名律师。当时，他刚打输了一场官司，委托人也自杀身亡。他怀着深深的歉意到这个博物馆参观。在参观这艘船时，他感慨万千，突然有了让生意场上的失意人来参观的想法。于是，他把这艘船的历史连同照片一同挂在他的律师事务所。每当有人请他辩护时，无论输赢，他都建议他们去看这艘船。

截至 1987 年，已经有 1200 多万人参观过这艘船。参观的人中，有失意的商人、失恋的年轻人、失去亲人的伤痛者，也有年轻的创业者、热恋中的情侣，等等。所有到过这儿的人，无不感叹这艘船百折不挠的气概，无不增添迎战人生风浪的信心。参观完后人们纷纷留言抒发感慨，仅留言簿就用了接近 200 本。留言中最多的一句话就是“在大海上航行没有不受伤的船”。

人生如船行。船在大海中航行，难免会遇到险风恶浪；人在生命的长河中旅行，难免会遇到凄风苦雨。我们不能责怪大海的无情，也不能埋怨命运的不公。谁都期望自己的人生一路美景，但这只是美好的愿望。人生漫漫，路途遥遥，不可能永远一帆风顺。坦然地面对生活中的一切吧，无论是喜还是忧。哪怕是伤痕累累，但只要能爬起来，我们就要擦干血泪，依然前行。

二、近朱者赤，近墨者黑

卓越的人一大优点是：在不利与艰难的遭遇里百折不挠。

——贝多芬

心情故事

我认识了一些坏朋友

我升入新学校时，认识了一个非常强悍而且做事不计后果的男孩。那时，我只认识他一个人，所以我觉得最好还是和他做朋友。

他很有趣，而且不遵守琐碎的校规，你可以想象老师有多头痛。刚开始成绩还不错，但是，之后他开始结交一些和他志趣相投的朋友，组成了一个专门惹事的团伙。我们做了很多蠢事，比如，把低年级的几个男生装进纸箱。我们总是被学校惩罚，而这没有任何作用。现在，他们又开始欺负我们年级的女生。我试图阻止他们，他们却叫我别那么窝囊，并且说我比他们好不到哪里去。我曾经在上小学时被人欺负，所以很痛恨这种行为，我不想成为欺负别人的人，或者整日和这些人无所事事地混在一起，但是，我没有别的朋友了，因为所有人都怕我。

心理解码

随着年龄的增长，影响青少年的重要人物由父母转为朋友。人人都需要友谊，没有人能独自在人生的海洋中航行。人们需要别人的帮助，也给予别人帮助。朋友的重要性是不言而喻、显而易见的。试想，当你情绪低落的时候，你想不想有个人让你振作起来？遇到困难的时候你想不想有个人帮你走出困境？当对某样东西产生兴趣时，你想不想有个人和你一起分享？毫无疑问，每个人都需要朋友。

当然，一个好的朋友会帮你上进，一个损友却可以使你堕落。曾国藩曾经说过："一生之成败，皆关乎朋友之贤否，不可不慎也。"有的人因交友不慎，一生的幸福毁于一旦。《水浒传》中的英雄林冲，也因为交友不慎而吃了大亏。他最要好的朋友陆谦为讨好和迎合权贵而出卖了他，引诱他带刀进入白虎节堂，又在发配的路上设置重重障碍，最后追到林冲发配地沧州去谋害他。

生活中，也有许多交友不慎而产生悲剧的案例。例如，有些学生迷恋上网，在网络上认识朋友，约网友见面却被骗了钱财。还有一些中学生认识了社会上的无业人员，被他们唆使而抽烟、打架、偷窃，最后被学校开除。

所以，青少年在选择朋友的时候，一定要擦亮眼睛，注意避免结交坏朋友。例如，那些满嘴谎言、喜欢打骂别人、烟不离手的朋友是不能交的。另外，青少年正处于感情丰富、爱冲动的年龄，千万不要因一时冲动，或碍于情面，或为了"义气"，去做那些不该做的事情。

锦囊妙计

随着生活节奏的加快，社会变得浮躁和功利，人与人之间有着太多分不清的是非真伪，以至于我们对"朋友"这个称谓产生了畏惧。那么，人的一生到底需要什么样的朋友呢？美国作家帕尔指出：“不要指望一位密友带给你所需要的一切。”另一位作家汤姆·拉思则认为，以下8种朋友是必不可少的。

1. 成就你的朋友。他们会不断激励你，让你看到自己的优点。

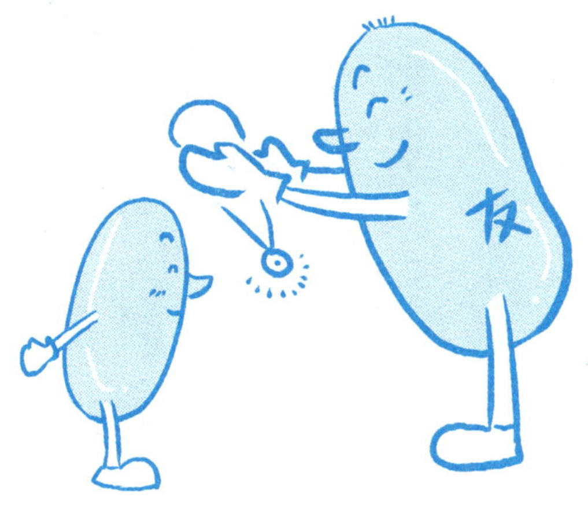

这类朋友也可称为“导师型”的朋友。他们不一定是你的师长，但他们一定会在某些领域具有丰富的经验，能经常在事业、家庭、人际交往等方面给你提供许多建议。这种朋友会成为你最大的心理支柱，也常常会成为能够“左右”你的“偶像”。

2. 支持你的朋友。一直维护你，并在别人面前称赞你。

这类朋友可谓是“你帮我，我帮你”，相互打气，使得彼此成为对方成长的依靠。在一个人的成长过程中，朋友的支持与鼓励是最珍贵的。当你遇到挫折时，这类朋友往往可以帮你分担一部分心理压力，他们的信任也恰恰是你的“强心剂”。

3. 志同道合的朋友。和你兴趣相近，也是你最有可能与之相处的人。

与他们在一起，会让你有心灵感应，俗称“默契”。你会因为想的事、说的话都与他们相近，经常有被触动心灵的感觉。和他们交往会帮助你不断地进行自我认同，你的兴趣、人生目标或是喜好，都可以与他们分享。这种稳固的感受“共享”会让你获得心理上的安全感，因为有他们，你更容易实现理想，并可以快乐地成长。

4. 牵线搭桥的朋友。认识你之后，很快把你介绍给志同道合者认识。

这类朋友是“帮助型”的朋友。在你得意的时候，他们的身影可能并不多见；在你失意的时候，他们却会及时地出现在你面前。他们始终愿意给予你最现实的支持，让你看到希望和机会，帮助你不断地得到积极的心理暗示。

5. 给你打气的朋友。好玩、能让你放松的朋友。

有些朋友，当我们有了心事、有了苦恼时，首先想要倾诉的对象就是他们。这样的朋友会是很好的倾听者，让你放松，在他们面前，你没有任何心理压力，总能让你发泄出自己的“郁闷”，让你重获平衡的心态。

6. 开阔眼界的朋友。能让你接触新观点、新机会。

这类朋友也是必不可少的。他们是你的“大百科全书”。这类朋友的知识广、视野宽、人际关系广，会帮助你获得许多不同的心理感受，使你成为站得高、看得远的人。

7. 给你引路的朋友。善于帮你理清思路，需要指导和建议时最好去找他们。

这类朋友是“指路灯”。每个人都会遇到困难，一旦靠自己的力量难以化解时，这类朋友总能最及时、最认真地考虑你的问题，给你适当的建议。在你面对选择而焦虑、困惑时，不妨找他们聊一聊，或许能帮助你更好地理顺情绪，了解自己，明确方向。

8. 陪伴你的朋友。有了消息，不论是好是坏，总是第一个告诉他们。他们一直和你在一起。

这种朋友的心胸像大海一样宽广，不管何时找他们，他们都会热情相待，并且始终如一地支持你。他们是能让你感到满足和平静的朋友，有时并不需要他们太多的语言，只是默默地陪着你，就能抚平你的心情。

“君子之交淡如水，小人之交甘若醴。”真正的友谊靠的是以诚相待，而不在于甜言蜜语或重金送礼。至于以物质上的交换、肉麻的吹捧、互相利用换来的小人之交，我们应把它扔到垃圾堆里去。“君子之交”应经得起时间的考验，经得起外界环境的考验。

学会交友，便是学会与人交际，也是学会做人的一个重要过程。与人相处，不要被对方的容貌、谈吐、外表、装扮、排场、气质、风度、社交与应酬能力等等所迷惑，因为那些有可能是假象，是暂时的，是可以伪装的，或是有企图的。

选择朋友，就是选择一种生活方式，交得良友方可得到良好的建议，学到很多有益身心的东西，而交上不良的朋友，只能让自己在生活中迷失方向。

心理测验——你是一个怎样的朋友

1. 你收到了朋友的一条短信，会过一段时间才回吗？

　是：到第 2 题　　　　否：到第 5 题

2. 你的好朋友热衷于把皮肤染成被太阳晒黑的样子，却告诉别人这是他们的自然色，你会揭穿他们吗？

　是：到第 3 题　　　　否：到第 6 题

3. 你是否曾经使你的朋友成为众人取笑的对象？

　是：到第 4 题　　　　否：到第 7 题

4. 你会嘲笑朋友古怪的发型吗？

　是：到第 8 题　　　　否：到第 7 题

5. 你总是忘记朋友的生日吗？

　是：到第 10 题　　　　否：到第 9 题

6. 你朋友穿了件让他看上去很糟糕的上衣，你会如实告诉他吗？

　是：到第 5 题　　　　否：到第 10 题

7. 你的朋友把他的一些糗事告诉了你，你会告诉别的朋友吗？

是：到第 12 题　　　　　否：到第 11 题

8. 你会和最好的朋友终结你们的友谊吗？

是:C 型　　　　　否：到第 12 题

9. 你的朋友被人欺负，你会支持他或者向别人寻求帮助吗？

是：到第 13 题　　　　　否：到第 14 题

10. 你的朋友喜欢上了一个人，于是总是和你喋喋不休，你会让他闭嘴吗？

是：到第 9 题　　　　　否：到第 14 题

11. 你正在看最喜欢的电视节目，突然电话响了，是你的朋友打来的，你会稍后再打给他吗？

是：到第 10 题　　　　　否：到第 15 题

12. 你会和朋友一起讨论他的恋爱问题吗？

是：到第 16 题　　　　　否：到第 11 题

13. 你抄了朋友的作业，而老师以为是朋友抄了你的，你会向老师澄清吗？

是:A 型　　　　　否：到第 14 题

14. 学校里别的孩子在传你朋友的谣言，你会保持沉默以避免惹火上身吗？

是:B 型　　　　　否:A 型

15. 你曾经为了加入新团体而甩掉朋友吗？

是：到第 16 题　　　　　否:B 型

16. 你的朋友向你借东西，结果把你的东西弄坏了，你会生气吗？

是:C 型　　　　　否:B 型

A. 完美伙伴　你显然能成为一个最好的朋友。你善解人意，总是在朋友需要的时候鼎力相助。你愿意妥协，总是把朋友的利益放在心里。你不会伤害他人的感情。你总是坚持你的信念。你忠诚，值得信赖，又风趣。成为你的朋友十分幸运。

B. 忠友　你有点过于忍让，并且不够坚定。你是一个忠实的朋友，总是先人后己。也许你朋友的控制欲过强，但是，如果你能自信地坚持自己的观点，别人会更喜欢和尊重你。无私是一种美德，但坚定自信并不会伤害别人。你是一个大好人，但是，你也应该获得回报。

C. 损友　关于友谊，你还有很多需要学习的地方。你能意识到朋友也有感情吗？整个宇宙都是以你为中心吗？在你的观念里，这是一个“人不为己，天诛地灭”的世界。追求自己所想要的本身没有任何问题，但自私使你错过了真挚的友谊。如果你执迷不悟，那么你唯一的朋友只能是你自己！

三、不经历风雨，怎能见彩虹

我们常把挫折、失败归咎于环境与他人，总是想着改变外界来迁就自己。征服世界，你并不一定伟大；征服自己，你才能所向披靡。

——题记

心情故事

发言失声被嘲笑

我的声音天生就明亮、清脆，这让老师很喜欢。有一天，有人来我们班观摩教学，为了“争气”，睡梦中我还在背课文。可那天，当老师把我叫起来时，我就慌了，什么也说不出来，气得老师连期末联欢会都不让我参加。其他同学不但不安慰我，还说：“你

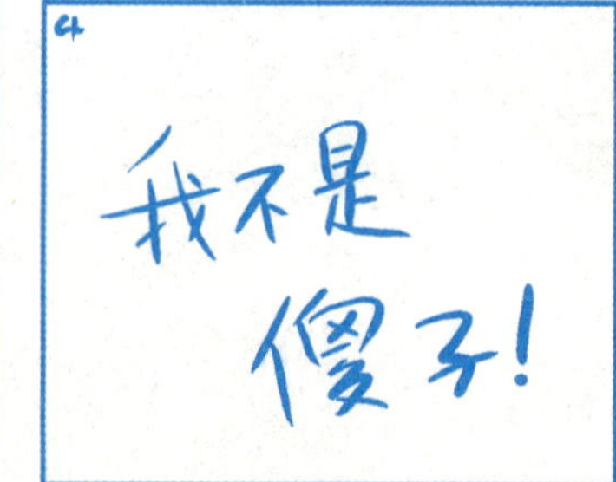

给班级丢脸。”接着我就装病逃学，同学给我起了个绰号——傻子。后来，学校举行歌咏比赛，我又是领唱，可上了台，一眼瞥见台下两个小学同学，她们的眼神里不但有愕然，还有鄙夷。我一紧张，嗓子里忽然像爬进十几条毛毛虫，张着嘴发不出声。台下骚动起来，我觉得所有的嘘声和口哨声都化成了两个字——“傻子”。我恐惧得全身发抖……

从此，我不敢参加集体活动，我怕看到别人蔑视的眼光。我只能和树上的小鸟说话，和地上的蚂蚁说话，一遍遍地在操场上写“我不是傻子”“我不是傻子”……

心理解码

走出家门，孩子的另一个天地就是学校，学校是孩子释放理想的天地。在学校，每一个孩子都渴望成功，当对成功的渴盼因过度紧张而屡次失败时，这会直接导致孩子在学校遭到冷落，在冷落中，孩子就会渐渐与同学、老师疏远，害怕与他们相遇，从而将自己封闭在一个人的世界里。

紧张得说不出话，实际上是心理作用、是消极意识导致的。在一些特定场合讲不出话来，是因为这些场合往往是你最想把话说好、最不想出错的关键环境，说话前有种压力，因而特别在意自己的说话，思想上存在着一种消极的意识，预想到失败或担心出错，这个时候喉咙就像被堵住了一样说不出话来。

生活中有很多人也有类似的经历。例如，第一次上台演讲因紧张而失声，遇到自己喜欢的人紧张得说不出话来等。但是有些同学不知道如何舒缓自己的紧张情绪，将一时的紧张迁移到生活的方方面面，失去了与人交往的自信心，严重者甚至会产生社交恐惧症。社交恐惧症是心理不健康的一种表现，又称“恐人症”，多发生在青少年时期，中学生是易患人群。主要表现为害怕与人交往，不敢与人对视，不敢在人多的场合说话等，由此造成孤独、自卑的心理，成为中学生学习及人际交流的严重阻碍。此症往往被成人所忽略，认为孩子只是害羞或性格内向，因而常常延误了诊断和治疗。

锦囊妙计

如何克服紧张情绪

1. 坦然面对和接受自己的紧张。你应该想到自己的紧张是正常的，很多人在某种情境下可能比你更紧张。不要与这种不安的情绪对抗，而是体验它、接受它。要训练自己像局外人一样观察你害怕的心理，注意不要让这种情绪完全控制住你：“如果我感到紧张，那我确实就是紧张，但是我不能因为紧张而无所作为。”此刻你甚至可以选择和你的紧张心理对话，问自己为什么这样紧张，自己所担心的最坏的结果可能是怎样的，这样你就做到了正视并接受这种紧张的情绪，坦然地应对，有条不紊地做自己该做的事情。

2. 师长应多给予鼓励，为学生增添信心。比如学生在表演时，因某种原因出了差错，这时，老师千万不要责怪学生，因为他们现在最需要别人的体谅与关怀，告诉学生“失败乃成功之母”。

3. 提倡学生们互相交往。当学生在校园遇到挫折或失败时，鼓励好朋友多去陪他聊天。在这样的学校氛围中，受挫或失败的学生就会体会到与同学相处带来的快乐，其不良的情绪自然会慢慢地改善。

4. 做一些放松身心的活动。具体做法有:(1) 选择一个空气清新、四周安静、光线柔和、不受打扰、可活动自如的地方,选取一个自我感觉比较舒适的姿势,站、坐或躺下。(2) 活动一下身体的一些关节和肌肉,做的时候速度要均匀,动作不需要有一定的标准,只要感到关节放开、肌肉松弛就行了。(3) 做深呼吸,慢慢吸气然后慢慢呼出,每当呼出的时候在心中默念“放松”。(4) 将注意力集中到一些日常物品上。比如,看着一朵花、一点烛光或任何一件柔和美好的东西,细心观察它的细微之处。点燃一些香料,微微吸它散发的芳香。(5) 闭上眼睛,着意去想象一些恬静美好的景物,如蓝色的海水、金黄色的沙滩、朵朵白云、高山流水等。(6) 做一些与当前具体事项无关的自己比较喜爱的活动。比如游泳、洗热水澡、逛街购物、听音乐、看电视等。

心灵自助餐

败而不馁，方能迎接成功

高考过后，总有一些学生被大学拒之门外，独自品尝失败的滋味。每到此时，我就会想起一个人来：他 23 岁竞选州议员失败，24 岁生意再次失败，27 岁精神崩溃，29 岁竞选州议长失败，31 岁竞选选举人团失败，34 岁竞选国会议员失败，39 岁国会议员连任失败，47 岁竞选副总统失败，49 岁竞选参议员再次失败，51 岁终于当选美国总统。这个人就是林肯，是公认的美国历史上最伟大的总统。

失败不可避免，也不可怕，可怕的是败而自哀。败而不馁、败而言勇才是强者的本色。著名的科学家阿尔弗雷德·诺贝尔，就曾经历过无数次的失败。在 1864 年 9 月 3 日的一次实验中，不慎发生了硝化甘油爆炸，他的实验室顿时灰飞烟灭，五位助手当场死亡，其中包括他的弟弟奥斯加。但这并没有动摇诺贝尔的决心和信念。在经过上百次的失败后，他终于用血的代价发明了雷管。以《人间喜剧》扬名天下的法

国作家巴尔扎克，曾在自己的手杖上刻下这样一句话：“我粉碎了每一个障碍。”正是依靠这根“精神手杖”，他从坎坷中开辟了一条不平凡的人生之路。

无论是谁，都会因为失败而付出代价，然而，失败是人生的训练场，只要你以明智的眼光去审视自己的失败，那么你同样可以从中收获成功的种子。如你由于骄狂而失败，那么它教你变得谦逊；你由于不自量力而失败，它教你变得客观；你由于拒谏而失败，它教你学会尊重别人的意见……失败是一粒种子，一粒你可以从中收获成功的种子。

在成功者的眼里，失败不只是暂时的挫折，失败更是一次次接受教训的机会。虽然“榜上无名，脚下有路”是句老话，但是当今社会无数事实已经证明，只要你坚持不懈地去耕耘，总有一天，种子也会长成参天大树。

四、优秀生也有烦恼

困难是欺软怕硬的。你越畏惧它，它越威吓你。你愈不将它放在眼里，它愈对你表示恭顺。

——宣永光

心情故事

优等生的困惑

两个月前我还对高中生活充满了好奇和兴奋，准备像初中时那样大干一场，给我的人生之旅再添上辉煌的一笔。可现在我开始怀疑，自己当初的选择是不是错了？以前我是班干部、三好学生，是同学们心目中的模范，老师眼中的宠儿。可自从来到这所重点学校(据说我们班以前当过副班长以上干部的同学足足有八个)，一切都变了。我不仅连个小组长都没当上，成绩也下降了许多，同学们似乎也不那么喜欢我，我仿佛从“白天鹅”一下子变成了“丑小鸭”，以前所有的荣耀都一去不复返，一种莫名的失落感开始压得我抬不起头来，食无味，睡无眠，学无心。哎，我的高中生活怎么会是这样的呢？

心理解码

升入高中后出现情绪低落，是由于一种新的生活环境在中学生心理上引起的不平衡而导致的不适应状态。据了解，现在有不少初中生升入高中后都会有或多或少的不适应感。他们还没能从熟悉的初中生活圈子中缓过神来，以致在“突如其来”的反差面前显得准备不足。

新生入学适应问题是普遍存在的，有些同学善于沟通，适应得就快一些，有些同学不善言谈，或者因为留恋过去的朋友圈，很长时间都不能适应。如果新的学校环境是自己期待的，或者说与过去的环境比较相近，或者有自己熟悉的朋友在一起，就比较容易适应。如果新的学校不是自己喜欢的学校，例如有的人因几分之差与重点高中失之交臂，没有考入自己期望的学校，又对现在的高中心怀不满，往往会难以融入新的集体生活。有的同学考进了重点中学，心怀喜悦，但是新的环境中高手如云，自己的优越感难免会受到打击，也容易产生心理落差。

入学适应不良会影响自己在高中的人际关系、学习状态，所以无论何种情况，都应尽快调整心态，快速适应新的环境。

锦囊妙计

1. 要学会调整自己的心理状态。其实，每一个进入高中的新生都有一个心理适应的过程。进入重点中学，就不能奢求一定要当干部、尖子生，因为这是一个优秀生相对集中的地方。虽然在初中你是优秀生，可来到新的集体后，一切都发生了变化，你可能只是个“中等生”，甚至是个“学困生”。这本来并没有什么不光彩，因为这里的“学困生”也许比一般学校的优秀生成绩还出色，有什么可自卑的呢？能考入重点中学，这本身就是对自己各方面能力的一种肯定，何况只是现在暂时处于后进，并不等于以后永远处于后进。任何人都有可能凭自己的努力，在竞争中重新成为班上的佼佼者。因此，进入重点中学的同学一定要有充分的心理准备。

还有一些同学进了一般的学校，可能因为周围大都是初中时的“后进生”，心理上受压抑，怕别人瞧不起自己，甚至害怕别人询问自己考上哪所学校，这些同学也要有个心理适应的过程。没进好学校，不见得就考不上好大学，在一般中学，你可能并非一般的学生，你可以经过努力成为所在学校的尖子生，受到老师的器重，这在一定程度上比勉强进入重点中学可能会更好。再则，既然已经上了一般中学，就要正视现实，调动各方面的积极因素，争取成为合格的中学生。如果一味低沉、消极下去，甚至每天混日子，破罐子破摔，那对自己是有百害而无一利的。

2. 要掌握正确的学习方法，培养良好的学习习惯。有的同学在升入高中后会觉得不适应，一个主要的原因就是学习压力的增加。进入高中，根据不同学科的具体性质和特殊要求，适时调整学习方法，是适应新阶段学习必不可少的一环。最重要的一点就是要掌握正确的学习方法。高中的学习比初中的内容更多、难度更大、系统性更强，若要顺利完成高中学业，并取得优良的学习成绩，仅靠简单地套用初中时期的学习方法，或按照初中时期的学习习惯来做，显然会难以适应。因此，你应该逐渐学会更合理地安排学

习和休息的时间，学会有效地记笔记，学会及时总结学过的内容，学会发现新旧知识之间的联系等。好的学习方法和学习习惯会让你事半功倍，反之，则会事倍功半。

3. 要尽快交上新朋友。有位心理学家因为工作的需要，几年内搬了好几次家，前后共在四五个城市里居住、生活过，这么频繁地改变生存环境，却没有让她有丝毫的寂寞和不适感。她每次搬到一个新地方把孩子安置到学校后，都要挨家挨户地去拜访所有的新邻居，和她们结伴出游、购物。工作时，她会记下许多同事的电话，一感到寂寞就打电话给他们。不到一个月的时间，每逢休息日她的家里便总有几个朋友来访。在朋友们的帮助下，她很快就熟悉了她所居住城市的环境和风土人情。她说："我知道自己的生活需要什么，并能像从事一项事业似的去安排生活，只要不搬到月亮和沙漠里去住，我都不在乎。"

同样，你来到一所新学校，进入一个新的班级，为了不让陌生的环境限制你，你就要主动去了解你的同学，像那位心理学家一样结交更多的朋友。所以，进入新学校之后，你应该尽可能地结交新朋友，多与朋友们沟通、交流。这种交流是很有必要的，因

为经过交流后，你会发现你的问题可能是大家都面临的问题，你的感受可能是大家共同的感受，这样你就不会感到慌张、茫然。只要有了友谊，你的心灵将不再感到孤独。而且一个人学习时，很难判断知识掌握的程度如何，只有通过与别人沟通，才能真正体现学习水平的高低，才能发现自己的优势和劣势。会学习的人是不会轻易放弃任何与老师和同伴交流的机会的。

当然，面对陌生的环境、陌生的老师和同学，你也要有一个适应的过程，再说，每个人的个性也不尽相同，有的人是自来熟，一切不在话下；而有的人就比较内向一些，适应过程将会缓慢一些。但不管怎么样，主动交朋友都是你适应新环境的第一途径，也是最佳途径。

4. 与父母或老师及时沟通。如果你对于新的学习、生活已经有了非常不习惯的感觉，千万不要闷在心里，而应该及时告诉爸爸妈妈或者老师。你以为很严重的问题，其实可能并不是什么难题，只要你告诉他们，他们就会指导你应该怎么做，帮助你渡过难关。但是，如果你不让他们知道，只是自己着急，可能问题会越来越严重，就像食物放久了会发霉一样，如果总将心事藏在心里，它也会发霉、变质的。记住：当你遇到解决不了的困难时，应该求助于父母和老师。可千万别让自己的心事发霉哦！

心灵自助餐

胡萝卜、鸡蛋和咖啡豆的启示

一天，女儿满腹牢骚地向父亲抱怨生活的艰难。父亲是一位著名的厨师，他平静地听完女儿的抱怨后，微微一笑，把女儿带进了厨房。父亲往三只同样大小的锅里倒进了一样多的水，然后将一根大大的胡萝卜放进了第一只锅里，将一个鸡蛋放进了第二只锅里，又将一把咖啡豆放进了第三只锅里，最后他把三只锅放到火力一样大的三个炉子上烧。女儿站在一边，疑惑地望着父亲，弄不清他的用意。

20分钟后，父亲关掉了火，让女儿拿来两个盘子和一个杯子。父亲将煮好的胡萝卜和鸡蛋分别放进了两个盘子里，然后将咖啡豆煮出的咖啡倒进了杯子。他指着盘子和杯子问女儿："孩子，说说看，你见到了什么？"

女儿回答说："还能有什么，当然是胡萝卜、鸡蛋和咖啡了。"

父亲说："你不妨碰碰它们，看看有什么变化。"女儿拿起一把叉子碰了碰胡萝卜，发现胡萝卜已经变得很软。她又拿起鸡蛋，感觉到了鸡蛋的坚硬。她在桌子上把蛋壳敲破，仔细地用手摸了摸里面的蛋白。然后她又端起杯子，喝了一口里面的咖啡。做完这些以后，女儿开始回答父亲的问题："这个盘子里是一根已经变得很软的胡萝卜；那个盘子里是一个壳很硬、蛋清也已经凝固了的鸡蛋；杯子里则是香味浓郁、口感很好的咖啡。"说完，她不解地问父亲："亲爱的爸爸，您为什么要问我这么简单的问题？"

父亲严肃地看着女儿说："你看见的这三样东西是在一样大的锅里、一样多的水里、一样大的火上和用一样多的时间煮过的。可它们的结果却迥然不同。胡萝卜生的时候是硬的，煮完后却变得那么软，甚至都快烂了；生鸡蛋是那样的脆弱，蛋壳一碰就会碎，可是煮过后连蛋清都变硬了；咖啡豆没煮之前也是很硬的，虽然煮了一会儿就变软了，但它的香气和味道却溶进水里变成了可口的咖啡。"父亲说完之后接着问女儿："你像它们之中的哪一个？"

现在，女儿更是有些摸不着头脑了，只是怔怔地看着父亲，不知如何回答。父亲接着说："我想问你的是，面对生活的煎熬，你是像胡萝卜那样变得软弱无力，还是像鸡蛋那样变硬变强，抑或像咖啡豆，身受损而不堕其志，无论环境多么恶劣，都向四周散发出香气，用美好的感情感染周围所有的人？"

人生注定是不圆满的，所以我们才会对完美表现出崇拜似的追求。工作中、生活中，不如意的事俯拾即是。果真身陷其中时，我们脆弱的内心会发生什么变化呢？有的人看似强硬，但遭遇痛苦和逆境后变得一蹶不振，畏缩软弱，就像失去了力量的胡萝卜。而有的人外表柔弱，好像不堪一击，但经历了种种变迁甚至挫折之后，似乎将柔韧的个性塑造得更坚强了。还有的人恰似文中的咖啡豆，当遇到给它带来痛苦的开水并持续承受时，最终散发出最佳香味，在情况最糟糕的时候不放弃，反复酝酿自我，最终改变了周围的环境，升华了自己。

五、密友之间也有嫉妒

故天将降大任于斯人也，必先苦其心志，劳其筋骨，饿其体肤，空乏其身，行拂乱其所为，所以动心忍性，增益其所不能。

——《孟子》

心情故事

朋友之间的嫉妒

青青是我在舞蹈队里的朋友，她是那么的优雅漂亮，我想就是因为她的魅力吸引了我，我们成了好朋友。但时间长了，我总觉得和她在一起很自卑，我们两个无论走

到哪里，她总是能迎来别人的赞美。连班里的文艺活动，老师也总安排她来负责，我觉得和她在一起压力很大。

我实在很难不嫉妒，但她是我的朋友，所以我从来没有说过什么。而内心深处，我知道自己的感觉。

心理解码

“人比人，气死人。”有人说这话太夸张，也有人说这话有道理。因为“比”而“气”，这就是嫉妒。有一首小诗，是这样描述嫉妒的：“一棵树看着另一棵树，恨不得能自己变成刀斧；一棵草看着另一棵草，甚至盼望野火燃烧。”虽然只有寥寥的 36 个字，却将嫉妒之心描摹得淋漓尽致。

1. 嫉妒是普遍存在的，只是表现程度不同

嫉妒心理是人际关系中较为普遍的社会心理和情绪心理。现实生活中，一旦看到别人比自己幸运，就“别有一番滋味在心头”，这“滋味”便是嫉妒的情绪体验。任何人都会有嫉妒的情绪体验，这是人类的天性。

不同的是，有些人比较理性，会把嫉妒藏在心里，有些人则被嫉妒冲昏了头。一般来说，嫉妒的表现有三个层次。第一，感觉到嫉妒，但没有表达。有时人们面对同学或朋友不断取得的成功会“隐隐”觉得不快，这种“不快”的感觉，其实就是一种嫉妒心理，但通常我们不会说出来。第二，感到嫉妒，并表达出不满情绪。其主要特点是对被嫉妒者进行挑剔，或散布对其不利的言论。严重者则是对被嫉妒者进行人身攻击或诬陷、诽谤，使被嫉妒者感到压力或痛苦。第三，变态嫉妒心理。主要有两种表现形式：一种是嫉妒者更加猖狂地向被嫉妒者进行攻击，表现出种种损人利己的卑劣行为；另一种则是嫉妒者变成无事不嫉妒的人，甚至本不该嫉妒的事也要嫉妒。如 2003 年河南信阳的高中女生马娟，因为嫉妒同学张静长得漂亮，怨恨同学王晶石学习比她好，选择了极端的报复方式。一天晚上，她趁同睡一张床的张静和王晶石都睡熟了，将一瓶浓硫酸泼在张静脸上。

2. 青少年嫉妒的特征

与一般的嫉妒相比，青少年的嫉妒有明显的特征。第一，层次相同容易嫉妒。嫉妒者一般选择那些与自己条件大体相当的人作为嫉妒对象，可比性愈大愈容易产生嫉妒。在日常生活中，男生很少嫉妒女生，低年级学生很少嫉妒高年级学生，学困生很少嫉妒优等生，这是因为他们之间可比性小。第二，嫉妒言行公开对抗。中学生比较单纯、直率，有话藏不住，而且措词不掌握分寸，一旦嫉妒心理产生，就会寻找机会发泄，或冷嘲热讽，或公开诋毁，形成的隔阂很难消除。

3. 嫉妒的危害

嫉妒最大的危害是破坏人际关系的和谐，造成个人的内心痛苦，当然还会影响自己的学习、生活，损害身心健康，阻碍自己和他人才能的发挥，甚至可能导致犯罪。

锦囊妙计

当你开始羡慕别人拥有而你没有的东西时，就有可能产生嫉妒。嫉妒可能成为一种积极的力量，它会促使你反省自己，并思考如何使自己变得更好。然而，它也可能成为一种非常糟糕的情绪。如果你仅仅因为某个人更受欢迎、更有吸引力或比你更成功而不喜欢他，那么你可能会把你所有的精力都集中在这个人身上而不是努力去实现自己的目标。

如何克服自己强烈的嫉妒心理

1. 要懂得“天外有天，人外有人”“强中自有强中手”的客观规律。每个人都有长处与短处，要想事事超过别人是不可能的，关键是要善于自我评估与分析，发现自己的长处与短处，扬长避短。

2. 转移注意力,充实自己的生活。当我们有很多事情要做时,我们就无暇去嫉妒别人。因此,积极参与各种有意义的活动,努力学习,勤奋工作,使自己真正充实起来,那么嫉妒的毒素就不会滋生、蔓延。

3. 看到自己的长处,化嫉妒为动力。当别人在某些方面超过我们时,我们可以有意识地想一想自己比对方强的地方,这样就会使自己失衡的心理天平重新恢复到平衡的状态。同时要把嫉妒化为自己前进的动力,那嫉妒未必就是坏事。美国总统杜鲁门高中时非常嫉妒高材生查理在毕业典礼上获得老师布朗小姐深情的一吻,于是化嫉妒为动力,后来他与查理都获得了成功。

4. 注意别人成功前艰辛的一面。没有人能轻易成功,当你看到别人艰辛的一面时,就能理解并减少嫉妒感。

被同学嫉妒怎么办

也许被同学嫉妒一下，我们心里面不免有点暗暗得意，可是当嫉妒发展下去时，我们经常会遇到各种麻烦，也是很难受的。

1. 对不如意的人要关心。能主动关心帮助同学进步的人，其人缘要比“只扫自己门前雪”的人要好得多，他们受别人嫉妒的程度要轻些。

2. 不要在失意的人面前得意，以免刺激别人。

3. 求助于嫉妒者。诚恳、坦率地向嫉妒者表明自己的不足，并表示愿意虚心向他学习，接受他的帮助。嫉妒者的自尊心在某种程度上得到了满足，嫉妒心就会慢慢减少。

4. 赞美嫉妒者身上的优点。嫉妒源于自卑、自我评价过低。当嫉妒者获得别人的肯定和欣赏时，就能充满自信，降低对别人的敌意。这样，嫉妒者既能消除对同学的嫉妒，又能知道自己应该向他们学什么，才能不断地取得进步。

心灵自助餐

找一个安静的地方，以最舒服的姿势坐下，阅读下面这些可以消除嫉妒和烦恼的方法，看是否和自己以前的想法有所不同。

1. 适当的嫉妒是有益的，它可以起到动力的作用，而过度的嫉妒会干扰自己的行为。

2. 接受自己的不足之处，承认自己是有局限性的，一个人不可能做好所有的事情。

3. 如果生活或学习处于混乱的状态，会导致焦虑；把学习、工作按重点排列成序，通过确立目标来创造明朗的生活。

4. 减轻身体的紧张程度，找时间适当地休息一会儿，放松身体。

5. 用肯定句如“我能行”“我是好样的”来改变自己的生活。

6. 在和别人发生冲突时，能心平气和地面对冲突的另一方。

7. 能给予别人关怀。

8. 用大声的言语来宣泄烦恼。

9. 选择值得信赖的人做朋友,在自己的周围建立一个互爱的关系网。

10. 为自己的生活规定节奏,并使自己的活动丰富多彩。

11. 对已经失去的东西,不再沉迷于失望和幻想之中,而是生活在现在。

12. 承认自己害怕,但能消除恐惧感。

13. 安排一段时间去娱乐,给自己彻底放松的机会。

14. 认真对待和接受他人的批评。

15. 有自己的业余爱好并能陶醉其中。

16. 坚持欣赏的观点,欣赏周围的人和事。

17. 不再感到失望,原谅能减轻烦恼。

18. 诚实地生活,内心是平静的。

19. 允许自己发怒来释放不良的情绪。

20. 爱是烦恼的最终解脱者,爱自己,爱别人。

第二篇　重新认识挫折

一位德国哲学家说过："凡是杀不死我们的打击，都将使我们变得更加强壮。"在绝大多数中外名人身上，都有着失败的经历。明朝大学士张居正13岁赴武昌乡试，主考官看了他的文章后拍案叫绝，可正在武昌巡游的湖广巡抚顾玉麟却说最好让张居正落第。他的道理是，居正年少好学，观其文采志向，是个将相之才。如过早让他发达，易让他自满，断送了他的上进心。如果让他落第，虽耽搁三年，却能够让他看到自己的不足，使他更加清醒，促其奋发图强。张居正后来能够在历史舞台上有所作为，可以说与这段经历不无关系。这就像培根所说，并不是每一种灾难都是祸，早临的逆境往往是福。

一、苦难是财富还是屈辱

器官缺陷所产生的自卑感是很明显的，然而一个人如果能够超越器官缺陷的自卑感，往往会成为天才人物。

——《心灵导师》

乙肝改变了我的一切

在学校的一次体检中，我被发现患了乙肝，我没有告诉任何人，父母帮我请假两个月，到处求医问药，希望我能够好转，可是，却没有任何希望。乙肝患者不能过度劳累，可是高中的学业压力很重，我担心自己高考成绩会受到影响，也害怕其他同学知道了会歧视我。

这期间我变了，觉得自己是个废人，我不敢面对别人，走路都低着头。在同学眼里，我曾经是一个自信、乐观的人；在班级，我是三好学生，每年都得奖学金。但现在这些对我都没有用了，走上社会后我将是个废人。我不敢面对的东西太多了，家人、同学、社会，还有爱情，我现在觉得只有一个人生活才安全。

心理解码

身体上的疾病，时常会使我们感到自卑、沮丧、难过。但是从另外一个角度看，有时疾病也会给我们带来积极的力量。美国有一个小男孩叫奥利弗，他因为得了一种罕见的疾病，长着一双奇小无比的手。从小到大，奥利弗因为自己的手非常自卑，在别人面前他总是想把自己的手藏起来。当不得不亮出自己的手的时候，例如参加学校舞会，他总是受到别人的嘲笑。有一天他非常沮丧，决定自杀，可是他发现自己的手太小，连枪的扳机都握不住。直到有一天，他看到自己的衣服破了，决定把它缝好（因为他讨厌残缺），因为他的手很小，缝衣服的针脚也很小，细小到人们一点都感觉不到。后来，因为那双小手，他成为一名非常出色的裁缝，被很多知名服装设计公司高薪聘请。

有一句名言是这样说的：当上帝关了一扇门，一定会为你打开一扇窗。生活中也有很多这样的案例。当一个人的眼睛看不见时，他的听觉会很敏感，如果好好发展自己的特殊才能，可以成为乐器调音师。所以，当遇到疾病或身体残疾时，你大可不必觉得世界末日到来了，努力从不幸的遭遇中去寻找上帝之窗吧，相信挫折带给你的不仅仅是伤痛，还有机遇。

锦囊妙计

身患疾病往往让我们更容易产生自卑心理，对生活充满了消极的看法，其实大可不必这样。

1. 乙肝虽然没有特效的药物治疗，但是只要肝功能正常，与正常人无异，而且就业也没有影响，所以，如果肝脏有异常，及时对症治疗就可以了。

2. 人食五谷杂粮，不可能避免病痛。一个人再怎么注意，也不可能一生都不会生病，所以这很自然，并不是什么丢面子的事，正确面对并且积极治疗就可以了。生病是谁也不愿意的，平时生活中做好防范措施，注意休息。如果生病了，在与他人交往时尽量做好隔离措施，礼貌地告知对方你的情况即可。

3. 不要伤心，万事自己看开别人才不会在乎，自己看得越重别人可能才会更在意。

4. 理性地看待自己的疾病，患了乙肝不等于什么事情都不能做。想想那些身有残疾的人，他们中仍然有许多人生活得非常阳光，你也可以成为一个对社会有用的人。

用伤疤做勋章

那一年，我刚从机务训练团学兵队毕业，在一个航空兵部队的机务大队任仪表员。在一次飞行前的直接机务准备中，由于我未按规程进行通电检查，导致一块仪表被烧毁。中队领导由此做出决定，把我调到炊事班烧火做饭。

那段日子，我的心情非常沮丧，觉得离心中的军官梦越来越遥远了。炊事班长是一位老兵，一天，他招呼失魂落魄的我和他一起劈柴。他拿起一块满是节疤的木头让我劈。每当我的斧头落在树疤处时，就像碰到石头一样，震得虎口发麻，隐隐作痛。我费了九牛二虎之力也没能把那块木柴劈碎，而班长已经劈好了一大堆。班长看着满头大汗的我，问：“知道为什么我劈得比你多吗？因为你劈的那块木柴满是节疤，而有节疤的地方是树木最硬的地方。树如此，人也是这样。每一次挫折，都会在心灵中产生伤痛，结成伤疤。但它不仅仅是苦难的标记，更应该形成一个崭新的、坚固的堡垒。只有让伤过以后的心变得更加坚强，它才会成为身体中最硬的部位，不再受伤。”

老班长的一番话，让我从迷茫中觉醒。是啊，就像伤疤可以让树木坚硬一样，让人变得更加坚定执着、更加奋发有为的办法，只能是挫折、逆境和磨难。人的本领是从艰难困苦中奋斗出来的，人的灵魂是在困境和阴霾中充实起来的，如果不经受某些必要的考验，不经历某段蜕变，人很可能变成一根不堪重负的朽木。明白了这个道理，从此，我不再怨天尤人，而是全身心地投入炊事工作中去。因为工作踏实、表现出色，不久我便重新回到了仪表员的岗位，一年后顺利考上了梦寐以求的航空学院。

二、因为缺憾，所以美丽

生活里，往往失去了一些东西，反而体会到完整的感觉。

——题记

心情故事

谁比我更黑

我小时候其实是一个挺开朗的人，朋友也很多。但上初中后，同学们聚集在一起会讨论谁长得漂亮，我才发现自己皮肤好黑。有一天，同桌和我闹别扭，他大声说：

"你看看谁比你更黑?"那一刻我真是自卑到极点,恨妈妈为什么把我生得这么黑。我开始关注各类美白的信息,看到网上说吃西红柿、喝柠檬水可以变得白一点,我一个暑假都在家里喝柠檬水,不敢出门晒太阳,就是出门也把防晒霜擦得足足的。可是,却没有一点改变。

当然,在我没有去想外貌问题的时候,我会是一个大方、得体、开朗幽默的人,人际交往时完全没有问题,但只要一想到这个问题,我就会沉默寡言,对生活没有激情。有时候,很热情地跟别人打招呼,但是对方不理我,我就觉得是自己不够漂亮、皮肤太黑的缘故。每当这种自卑感产生,我总觉得打不起精神,什么事都不想做,不想读书,不想见朋友,从心底不喜欢自己。我房间的窗帘总是关上的,只有在阴天的时候才会开,我不喜欢待在明亮的房间;我不喜欢照镜子,除非灯光足够昏暗,能隐藏我种种缺点;朋友约我出去,若自卑感来袭,我会很排斥见到他人,没有勇气站在阳光下和朋友们谈天说地。当有人追求我、赞美我时,我会觉得很自信、很愉快;反之,没有人注意到我时,我便会很难过、很自卑。

我太在意别人的看法,我知道这是不对的,但我实在不知道怎样才能消除我的自卑和对容貌的偏执,这种无法控制自己的无力感、失败感已经严重干扰了我的生活。

心理解码

进入青春期后,很多孩子开始注意自己的形象,有的整天不停地照镜子,还有不少同学甚至由于容貌或生理上的缺陷而产生了严重的精神负担。女孩子尤其担心自己的形体不够优美,皮肤不够白皙,单眼皮、塌鼻梁、大嘴巴等。一个人把自己外表上并不存在或者程度轻微的缺陷看得很重,并由此产生烦恼、自卑等负性情绪体验,在心理学上称为体像障碍。

体像障碍产生的原因是什么?首先,青春期阶段,学生的自我意识得到了更为充分的发展,但又不成熟,而身体形象又在自我意识中占有很重要的地位,他们非常在意自己的形象,容不得半点缺陷。其次,不少初中阶段的学生都有自己心仪的异性,他们会格外在意自己的形象和心中暗恋的异性对自己的评价。再次，片面放大自己的缺陷。他们往往把自己身体某部分存在的缺陷，比如青春痘、肤色、发质、眉眼等缺点无限放大，哪怕只是一点点的缺陷，甚至在外人看来根本算不上缺陷的，也会让他们感到不满意，整天照镜子，越照越不满意。最后，盲目选择比较对象，以己之短去比他人之长，总觉得自己抬不起头。社会上各种媒体的误导，让中学生习惯用广告模特、电影明星作为自己形体对比的标准，结果自然是越比越没有自信，很容易产生自卑心理。

产生体像障碍的学生，首先会将缺陷无限放大，从而产生强烈的不满足感，希望能用一切办法消除这种缺陷。其次是情感压抑。存在体像障碍的学生，平时非常在意别人对自己体貌的评价，时常为此而痛苦，也会因此对外界事物失去兴趣，甚至严重影响到自己的社会交往。由于认知错误，他们一般都会采取回避与人交往的策略，不敢与人对视，不敢出门，脾气、性格会变得越来越封闭，甚至会出现拒绝上课的退缩行为。外人很难发现他们的不良情绪，从而导致这种情绪障碍持续的时间较长。最后就是强烈的弥补缺陷的心理。虽然他们将不良情绪压抑在内心，很难让人发现，但他们渴望弥补缺陷的心理却是非常强烈的，有时甚至可以不择手段，比如，认为自己胖的学生，拼命减肥，哪怕得厌食症也在所不惜。

体像障碍会造成中学生情绪持续低落，影响他们的自信心与学习注意力，降低他们的自我评价，因此需要及时调整。

锦囊妙计

要知道，没有外貌十全十美的人，就是俊男美女也有不足。有时候，换个角度看问题，便会“柳暗花明又一村”。学会欣赏自己的优点、接纳自己的不完美，才能获得自信与快乐。下面的一些方法，可以帮助我们从另一个角度欣赏自己，克服因为外貌的问题而带来的苦恼。

1. 虽然……，但是……。大家不妨尝试着做这样的造句练习“虽然……但是……”，例如：虽然我比较胆小，但是这正说明了我很谨慎；虽然我不是明眸善睐，但是我足够温柔体贴；虽然我长相一般，但是我成绩优秀；等。当我们无法改变现实的时候，改变想法就能改变情绪。

2. 欣赏自己的优点。当一张白纸上有一个黑点时，你是否只把注意力放在了黑点上，而忽略了白色的面积更大。同理，生活中你总是盯着自己的缺点而闷闷不乐，却忘记了自己其他方面的优点。所以一个很有效的办法是，把自己的优点、不足列出来对比看看，当你发现自己的优点比缺点多的时候，就不会那么沮丧了。因为人无完人，谁没有缺点呢？

3. 接纳自己的不完美。对于不能改变的事物，捶胸顿足、怨天尤人也于事无补。对那些你所不能改变的事物应坦然接纳。当你承认、接纳自己的不完美时，也会对他人的不完美有了更多的包容和欣赏。

你对自己的外貌满意吗

1. “美丽”这个词：

■会令我感到振奋。

●会令我感到压抑。

◆会深深地吸引我。

▲会令我感到紧张。

2. 你对自己的外貌感到自卑吗？

■不自卑。有时还有优越感呢。

▲有点自卑，但总的来说，自我感觉还不错。

●我从不去想这个问题，因为想这个没用。

◆我特别自卑。

3. 假如一个陌生人盯着你看了半天，你会想：

■他大概觉得我像他的某个熟人。

▲这肯定是因为他觉得我很美。

●我鼻子上大概长了个痘痘吧。

◆看来我还挺有吸引力的。

4. 当你去参加一个聚会时，你会在刚进门时想：

◆不知道能不能度过一段愉快的时光？

▲不知道能不能碰上聊得来的人？

■不知道会不会有人因为我美而死盯着我看？

●不知道我是不是这里长得最难看的一个？

5. 当你在街上碰到一个显然做过整容手术的人，你会想：

◆真佩服她！看人家就有勇气迈出这一步。

▲真有意思！她为什么要这样做？因为自卑，还是因为职业压力？

●真可怜！为什么一定要这样隐瞒自己的实际年龄呢？

■真不错！不知道我做了这种手术后效果好不好？

6. 当一个孩子因为别人说他长得丑而痛哭流涕时，你为了安慰他，会对他说：

■我倒觉得你长得非常非常漂亮。

●好了，别想这事了。咱们骑车玩去吧。

▲你知道有很多人爱你，觉得你漂亮。可咱们不能强迫全世界的人都爱你呀。

◆对你说这些话的人全都愚蠢透顶。

7. 你喜欢照镜子吗？

■每次经过一面镜子前，我都忍不住要照一照，想知道自己的外表是否还过得去。

●我尽量不多照镜子。每当我频繁地照镜子，就说明我有些不自信了。

◆我家里到处都是镜子。我喜欢随处看到自己美丽的容貌。

▲我家浴室里有一面镜子。我只在早晨随便照一下。

8. 当你看到那些经过整容美得无懈可击的明星、模特时，你会想：

◆真受不了！这太容易让人自卑了。

●这可以激励我努力完善自己，奋起直追。

■要学会抵抗这种压迫。

▲为什么要这样自欺欺人呢？这些人根本不值得效仿。

9. 你认为对异性而言，外表的吸引力到底重不重要？

◆很重要。

●不太重要。

■不重要。

▲有一定的重要性。

10. 当有人夸你漂亮时：

●我会感到不快，认为这种话很无聊。

▲我会非常开心。

◆我会想他说的是不是真心话。

■我会平静地向他表示感谢。

分别计算出你所得符号的个数。如果某一符号为 7 个或 7 个以上，说明你属于这一类型。如果某一符号为 4 至 6 个，说明你具有这一类型的某些特征。如果某一符号为 3 个或 3 个以下，说明你基本不属于这一类型。◆代表 A 型的人，无法接受自己的容貌；▲代表 B 型的人，基本接受自己的容貌；●代表 C 型的人，不在乎自己的容貌；■代表 D 型的人，欣赏自己的容貌。

三、生活没有你想象的那么糟

失败也是我需要的，它和成功对我一样有价值，只有在我知道一切做不好的方法以后，我才能知道做好一件工作的方法是什么。

——爱迪生

心情故事

伤害自己的女孩

阿娟性格内向，心思细腻。她喜欢一个男孩子很久了，终于鼓起勇气在圣诞节的时候悄悄给他送了一副手套和一张卡片。但是第二天，她却在自己的座位上看到自己送出去的手套被退了回来，他的理由是“现在还小，应以学习为重……”。阿娟很难过，但是却无处诉说，回到家，一个人躲进洗手间，用刀片轻轻地在胳膊上划了一下。刀片很凉，胳膊上传来的疼痛让她暂时忘记了内心的痛苦。自此以后，当阿娟再遇到挫折时，就习惯了用刀片或铅笔等尖锐的东西进行自残，为了避免被同学看见，她一年四季都穿长袖衣服，或者戴护腕来遮挡。

心理解码

自残行为在中学生中是一种值得注意的现象。中学生自残行为在美国、新加坡以及我国都有报道。

自残其实就是一种宣泄情绪和压力的极端方法。自残的原因很多，有的因为感情问题或学习压力大，有的因为父母离异或家庭生活不幸，还有的受别人影响觉得好奇，等。自残者往往不喜欢表达自己的想法，而是喜欢采取极端的手段使情绪得到发泄。其实这些都可以归因于不恰当的应对压力方式。一个人如果有烦闷、空虚、焦躁或自我压迫的感觉，而这些感觉偏偏又像鬼魅般阴魂不散时，肉体的疼痛反而可以暂时让人逃离内心的这一切负面感觉。这些青少年认为自残行为能够给其内心带来某种满足，是因为他们心中有很大的压力。

哪些人可能自残

一般来讲，有自残倾向的青少年，性格大都内向孤僻，不爱交流，或缺乏关爱。女孩自残现象比男孩多，因为男孩的暴力倾向于外攻击，体现在破坏行为上，而女孩倾向于内攻击，喜欢对自己进行残害。女孩喜欢以此转移痛苦，而男孩有时是为了宣示勇气。他们把自己割破，往往能够感到舒服一些，然而这种快乐的感觉非常短暂，因此过不了多久，他们就又要重复一次。也有的孩子，由于被家长和老师忽略了，想通过这样的行为引起老师和家长的注意。还有个别人是出于好奇、好玩和盲目模仿。

自残有哪些危害

除了身体和心理的伤害外，在自残的孩子中，有一部分人会有自杀的念头或者是设想过各种自杀的场景。这些孩子的自杀念头如果不能及时排遣，最后的极致就是走向真正的死亡。而这样的事例常在报纸上就能看到。

锦囊妙计

自残行为的根本症结，就在于没有一种健康良好的应对压力的方式。在自残者的内心里有一种声音，觉得自己不够好，没有能力去赢得别人的欣赏、肯定，当生活中遇到挫折的时候，便采用如此极端的方式去解决问题。要克服自残，从本质上讲需要学会欣赏自己，关爱自己。

1. 自残的背后是渴望被认可。 一般而言，采取自残的方式来减轻自己内心的痛苦的人，其本质上是希望获得别人的尊重与认可，只是他们忘记了，一个人最大的自信是来自自己。记住，当所有的人都不爱你、不在乎你了，也没关系，你还有你自己。

2. 学会自我肯定。 平时多赞扬和肯定自己，相信自己身上一定有别人羡慕的闪光点，相信自己有能力做到自己想要做的事情，多给自己一些微笑，多给自己一些赞美的话。经常自我肯定的人会慢慢变得更加自信。

3. 学会爱自己。 一个人如果懂得如何去爱自己，具备爱的能力，那么他就能更好地去爱别人，同时赢得别人的关爱。爱自己是一个人一生都应该学习和探索的事情。爱自己包括爱自己的身体，中国古语有云“身体发肤，受之父母，不敢毁伤，孝之始也”，无论何种情况，都不要轻易地伤害自己的身体。

心灵自助餐

你是别人的一棵树

有个人一生碌碌无为，穷困潦倒。一天夜里，他实在没有活下去的勇气了，就来到一处悬崖边，准备跳崖自尽。

自尽前，他号啕大哭，细数自己遭遇的种种失败挫折。崖边岩石上生有一株低矮的树，听到这个人的种种经历，也不觉流下眼泪。人见树流泪，就问道：“看你流泪，难道也同我有相似的不幸吗？”

树说：“我怕是这世界上最苦命的树了。你看我，生在这岩石的缝隙之间，食无土壤，渴无水源，终年营养不足；环境恶劣，让我枝干不得伸展，形貌生得丑陋；根基浅薄，又使我风来欲坠，寒来欲僵。看似坚强无比，其实我是生不如死呀。”

人不禁与树同病相怜，就对树说：“既然如此，为何还要苟活于世，不如随我一同赴死吧！”

树说：“我死倒是极其容易，但这崖边便再无其他的树了，所以不能死呀。”人不解。树接着说：“你看到我头上这个鸟巢没有？此巢为两只喜鹊所筑，一直以来，它们在这巢里栖息生活，繁衍后代。我要是不在了，那两只喜鹊可咋办呢？”

人听罢，忽有所悟，就从悬崖边退了回去。

其实，每个人都不只是为了自己活着。再渺小的人，对于有的人来说也是一棵伟岸的“树”。

四、在伤痛中成长

时间可以让人丢失一切，可是亲情是割舍不去的。即使有一天，亲人离去，但他们的爱却永远留在子女灵魂的最深处。

——高尔基

心情故事

妈妈走了

小帆性格开朗，学习成绩不错，外貌俊朗。他到心理咨询室是班主任推荐过来的，见到我非常有礼貌，简单介绍后，我问他有什么需要帮助的。他轻声说，今天是妈妈的祭日。语未毕，泪先流。小帆的妈妈是急性肿瘤手术意外去世的，妈妈手术当天怕影响小帆的学习，并没有告诉他，周末小帆回到家才知道妈妈走了，他非常难以接受。妈妈的葬礼上，小帆神情麻木，一滴眼泪都没有流。回来后，感觉很悲伤，整整哭了两天两夜。

休息一周后，小帆回到学校上课，但是他的情绪却一直很低落。平时上课还好，

一个人的时候，会忍不住想起妈妈，想起她的音容笑貌，想念她做的饭菜，有时也很后悔自己没能在妈妈临终前陪伴她，后悔以前时常不听妈妈的话而没有认真学习。回到家里，更是难受，睹物思人，望着空空的房间，时常忍不住泪流满面。小帆的爸爸一直陪着他，劝慰他，但是小帆却觉得没有用。他有时会恨爸爸，因为爸爸之前曾经和妈妈吵架，对妈妈不好，有时又觉得爸爸也不容易，要一个人撑起这个家，要照顾自己，也要忍受失去妻子的痛苦。

小帆觉得自己这一年过得很累，还没有习惯妈妈不在的日子。现在他们在另外的地方租了房子住，情绪会好一些，可是有时候还是忍不住会想念妈妈。

心理解码

人世间最大的悲痛莫过于亲人的去世。比起正常的生老病死，意外的死亡更让人难以接受。中学生丧失亲人的情况并不少见，但足以让人痛心。有些家长担心让孩子参与整个过程会影响孩子的学业，就尽量少占用孩子的时间，于是较晚通知孩子，个别家长甚至干脆不通知孩子。这些学生则要在最短的时间承受丧亲之痛，承受未能与离别亲人见最后一面的终生遗憾。尽管老师会做一些安慰工作，仍有不少有此经历的学生事后变得敏感、内向、孤独，不论在学业上还是人际交往方面都有一些不良的变化。

亲人去世，是人生中最重要且不能避免的丧失体验。它意味着失去生活中关系密切的物质、情感、心理支持对象，某种程度上也是一种自我的丧失。丧失亲人对当事人的生活和心理影响很大。与逝者的关系越亲密、越重要，当事人的痛苦就会越大。意料之外的去世，比可预期的死亡更令人难以承受，也会使哀伤反应更强烈、更持久。

同样是丧失亲人，大人的承受能力和调节能力要比小孩子好一些。这和青少年特殊的成长阶段有关。多数学生对社会生活了解不足，缺乏独立的能力，还在父母亲人的呵护中成长，对亲人有较强的依赖心理。一旦亲人去世，自己外在的支撑力量会严重弱化甚至消失，内心会产生恐慌和无助的感觉。如果又未能在亲人临终前见面，积郁的哀伤之情很可能造成心理创伤。但在老师和同学面前，他们又认为自己已经成熟，必须在别人面前显得坚强，往往表现得若无其事，所以不要被学生表面的坚强迷惑而忽视他们内心的脆弱。

在现实生活中，人们对丧亲者有以下这些常见的误解。

1. 应该让丧亲者处于很忙的状态，这样他们就没有时间来想这件事了。

事实：丧亲者需要时间来想并且需要经历悲伤的过程。如果总是让他们那么忙，没有自己单独的时间来想，来感受悲伤，那么这些情况会延迟出现或者阻碍悲伤过程的度过。

2. 悲伤期持续的时间太长了，丧亲者现在应该没事了。

事实：经历悲伤的强度及时间通常依赖于丧亲者与死者的关系，同时也取决于我们对丧失的正常反应。每个人经历丧失的时间在很大程度上是不相同的，通常取决于他们与死者的关系亲近与否，或丧失一事在他自己看来意味着什么。

3. 将死者的所有物件都拿开，包括死者的照片，以能够让丧亲者忘记死者的一切，将对丧亲者有所帮助。

事实：通常情况下，如果丧亲者在一年之内做的重大决定，一般不是他真的想做的决定。可能的话，他最好一年以后再对重要的事情做决定(如搬家、卖房子或生意上的决定等)。将死者的物件拿开没有问题，但是有些物品还是应该保留的。如果将死者的物品放在丧亲者的身边令其太痛苦的话，可以将它们暂时拿开。

4. 丧亲者不愿意谈论他们丧亲一事，我不敢先提出这件事，或提及死亡者的名字。

事实：大多数人很可能认为所有的丧亲者不愿意说到丧亲的事。不要担心提及他们喜爱的人的名字和问及他们的死亡情况(是怎么死的，是什么时候死的等)。问问他们是如何应对的，现在是怎么应对的。

5. 我不应该引起丧亲者心烦。

事实：他们确实心情很烦乱。心烦不会有什么伤害，它是一种好的治疗方式。眼泪可以使郁积在内心的痛苦情感释放出来，而且可以除去他们的一些躯体上的症状。它还有利于其愤怒、内疚情感的表达。要注意倾听，花些时间来陪伴、安慰他们。要注意说话的语气、用词和安慰的方式。

锦囊妙计

如何走出亲人离去的哀伤

1. 正视现实。亲人已经离去了，伤心、难过、痛苦都会有的。需要正视死亡是人类不可避免的，不管是谁都会有面对这一刻的时候，只是时间不同而已。

2. 不要压抑自己的情绪。面临亲人的失去，哭泣是一种很自然的情感表现，不是软弱。眼泪可以使郁积在内心的痛苦情感释放出来，而且可以除去一些躯体上的症状。要顺其自然，接纳自己的各种情绪，可以通过向他人倾诉、写日记、绘画等方式表达情感。

3. 亲人的离去，会让你更深刻地体验到死亡的意义。从亲人的离去中，你能了解生命的不易，亲情的可贵，从而学会去珍惜身边的亲人、朋友。

4. 至亲虽已远离，但他对你的关爱与祝福会永远在你的心里。带着他的祝愿与希望，认真地学习、生活才是对他最好的纪念。你可以在一些特别的日子为逝者做一些祭奠活动，通过这些仪式来寄托自己的哀思，表达自己的情绪。同时，也可以把自己的学习、生活的情况告诉他，相信他在另一世界也会为你祝福。

5. 哀伤会击垮一个人，也可以成就一个人。亲人的离去让你失去了很多，也能让你学会坚强与独立。

心灵自助餐

心理测验——了解你的抗挫能力

1. 在过去的一年中，你自认为遭受挫折的次数是

A.0~2 次

B.3 次 ~5 次

C.5 次以上

2. 你每次遇到挫折

A. 大部分自己能解决

B. 有一部分自己能解决

C. 大部分自己解决不了

3. 你对自己才华和能力的自信程度

A. 十分自信

B. 比较自信

C. 不太自信

4. 你对遇到的问题经常采用的方法是

A. 知难而进

B. 找人帮助

C. 放弃目标

5. 遇到非常令你担心的事时，你

A. 无法工作

B. 工作照常无误

C. 介于 A、B 之间

6. 碰到讨厌的对手时，你

A. 无法应付

B. 应付自如

C. 介于 A、B 之间

7. 面临失败，你常常会

A. 破罐子破摔

B. 将失败转化为成功的动力

C. 介于 A、B 之间

8. 学习进展不顺时，你常常会

A. 焦躁万分

B. 冷静地想办法

C. 介于 A、B 之间

9. 碰到难题时，你常常会

A. 失去自信

B. 为解决问题而动脑筋

C. 介于 A、B 之间

10. 学习中感到疲劳时，你常常会

A. 一直想着疲劳，脑子也不好使

B. 休息一段时间，就忘记了疲劳

C. 介于 A、B 之间

11. 教室里比较吵闹时，你常常会

A. 无法认真学习

B. 克服困难认真学习

C. 介于 A、B 之间

12. 产生自卑感时，你

A. 不想再学习

B. 立即振奋精神去学习

C. 介于 A、B 之间

13. 接到很难完成的任务时，你常常会

A. 推给别人去完成

B. 千方百计做好

C. 介于 A、B 之间

14. 困难落到自己头上时，你常常会

A. 厌恶之极

B. 认为这对自己是个锻炼

C. 介于 A、B 之间

1～4 题选 A 得 2 分；选 B 得 1 分；选 C 得 0 分。5～14 题选 A 得 0 分；选 B 得 2 分；选 C 得 1 分。将各题得分相加，计算出总分。

19 分以上：说明你的抗挫折能力很强，什么困难都不会轻易把你打败。

9 分～18 分：说明你虽有一定的抗挫折能力，但对某些挫折的抵抗力薄弱。

8 分及 8 分以下：说明你的抗挫折能力很弱，要加强锻炼。

五、也许，只是目标太高

一个内心充满欲望的人，能使平静心湖掀起汹涌波涛，即使身居深山古刹也无法平静；一个内心毫无欲望的人，即使在盛夏酷热，也会感到浑身凉爽，甚至住在闹市，也感受不到喧嚣烦躁。

——题记

心情故事

背负众望的他

考前的一次模拟考试刚结束，肖强就来到我办公室，神色凝重。肖强是学校广播站的负责人，学习成绩一向非常优秀，是什么让他不开心呢？原来是因为模拟考试成绩不理想，平时他的成绩都在班里前3名，这次却落到了第7名，让他很难接受，他自

己原本打算冲到第1名的。我问他，其实你的名次并不是很糟糕，成绩也比较稳定，为什么这么难过呢？肖强告诉我，他们整个家族只有他一个男孩，所以大家一直对他期望很高，在家里只要是他开口要的东西，父母基本都满足他，只希望他读书能有出息，为家族争光。从小到大，肖强也不负众望，成绩优异，品学兼优。因此，他非常期待能够考入市里最好的高中，以确保读到好的大学，但他的成绩始终在分数线下10分左右徘徊，让他很焦虑。

心理解码

肖强的情况属于学习动机比较强、自我要求高而产生的学习焦虑，并被这样的情绪影响到正常的学习状态。一般而言，造成学习动机过强的原因大致有三点：一是目标设置太高；二是不恰当的认知模式；三是他人不恰当的强化，主要指各种具体的外部环境，如家庭、学校、社会等。

当处在考试这一特殊时间段的时候，强烈的学习动机可以促进我们进步，但是如果动机过强、目标又比较高的时候，就容易产生焦虑、浮躁的情绪。尤其是模拟考试前后，学生的心理压力非常大。在多年的心理咨询中我发现，一般模拟考试后学生的心理问题产生的原因主要有以下几个方面：

1. 目标设置不合理。总是对自己的要求比较高，又觉得自己无法完成，从而产生焦虑情绪。适当的考试目标是建立在对自己学习情况综合判断的基础上，经过努力可以完成的目标，而不是仅凭愿望设立目标。

2. 对模拟考试的目的不明确，没有真正理解学校进行模拟考试的意义，过度考虑模拟考试与中考或高考的关联性以及过度重视考试的结果，由此导致了自信心的降低或丧失。

3. 自我评价较低，不能全面客观地评价自己。自我评价较低，一方面与高压、劳累、焦虑导致学习效率降低有关，另一方面是由于考试结果的不可知性，不少同学内心对自己的要求高于考试的实际情况，由此产生了自我评价相对较低的心理。

4. 家长或自己的高度期望。当家长比较在意学生的分数、排名，过分强调孩子在成绩上的表现时，学生的考试焦虑会比较高。当家长的期望转变为学生自己的高期望时，也会带来高焦虑。

5. 以往考试中的失败经历，让学生对考试结果增加了不自信。而连续的考试失利更是彻底摧毁了学生在考试前的自信心，让他们陷入极度焦虑之中。

锦囊妙计

克服模拟考试后患得患失的心理

第一，要明确考试的目的。模拟考试的目的是为了查漏补缺，发现自己的不足(看看在哪些方面还不够扎实，哪些知识点还没有掌握，做题是否符合规范，等等)，然后进行有针对性的学习和提高。在考试中我们的问题暴露得越多，就是说我们全面了解自己、有针对性地进行学习的效果就越好，也就意味着我们对知识的掌握程度会更

扎实，那么在以后的考试中出现问题的概率相对越来越少，而考出好成绩的概率就会相对变大。如果我们在模拟考试中把问题都发现了，而且都做了有效的弥补，考场上出现的问题就很少，所以周考、月考和模拟考试出问题，不仅有利于我们进行有针对性的学习，而且还有利于我们将来考试成绩的提高。我们应该以愉悦的心情来对待平时考试中出现的问题，并以切实的行动来弥补。

第二，要改变看待考试的角度。不把模拟考试的优劣与中考、高考的优劣联系在一起，同时把模拟考试之前的学习过程看作养成坚韧、顽强、不屈不挠的习惯的过程，这样我们就会在平时的学习过程中尽自己最大的努力。既然尽到了最大的努力，就对得起自己，对得起帮助自己的人，就无可后悔。其实人生的一切事情都是如此，只要尽到努力，便可以顺其自然了。

第三，我们做什么事，不要总是考虑会不会成功，我们要考虑的是怎样才能成功。所以我们在做事的时候要不犹豫、不彷徨，全身心投入耕耘，成功与否完全交给命运。我们在做任何事情之前，都不知道未来会怎样，命运怎么安排，我们所能做的只不过是脚踏实地"低头耕耘"，尽自己最大的努力去学习，注重过程而不过分计较结果，平静从容，不偏不执，苦中作乐。同时自己告诉自己：我一定能学好，我的身上还有很大的潜力可以挖掘，然后以自己最大的努力去学习，那么学习效率的提高以及成功也就会紧随而来。

第四，面对中考、高考这样的高压力生活事件和具有一定重复性学习的毕业班生活，学生中浮躁感的普遍存在是正常的，但也需要加以克制。克服浮躁，可通过训练静心来达到。将学习的薄弱环节，如公式、例题、重点字句等，像练书法一样工整地写出来，这样既培养一种宁静的心境，又可加深理解、记忆。

人生无须追求完美

"人生不用太完美，有个缺口，让福气流向别人，是件很美好的事，你不需要拥有全部的东西！”无意间，看到朋友微博上的这句话，让我感慨良多。

曾看过这个寓言。一个被劈去了一片的圆想要找回一个完整的自己，到处寻找自己的碎片。由于它是不完整的，滚动得非常慢，从而领略了沿途美丽的风景，还和虫子们聊天。它充分感受到了阳光的温暖。

它找到许多不同的碎片，但它们都不是自己原来失去的那一块，于是它坚持着寻找……直到有一天，它实现了自己的心愿。然而，作为一个无缺的圆，它滚动得太快了，错过了花开时节，忽略了虫子。当它意识到这一切时，它毅然舍弃了千辛万苦才找到的碎片。

也许正是失去，才令我们完整。一个拥有完美人生的人，永远无法体会有所追求、有所希冀的感觉；永远无法体会得之不易的艰辛和应好好珍惜的情感。

每个生命都有欠缺，你不必同别人做无谓的比较，要珍惜自己的拥有。台湾一位女企业家，在年近七旬遁入空门前告诉自己的子女：“我这辈子结交的达官显贵无数，他们表面令人羡慕，但深究其里，每个人都有一本难念的经，甚至苦不堪言。所以，不要再去羡慕别人如何如何，要好好算算上天给你的恩典，你会发现自己所拥有的绝对比没有的要多得多，而缺失的那一部分，虽不可爱，却也是你生命的一部分，接受它并且善待它，你的人生会快乐豁达得多。”

第三篇　微笑面对挫折

风雨常伴人生路，人生的道路本不是铺满鲜花的坦途，它宛如一条流动的河流，有时风平浪静，有时急驰回荡。正是那种磨难和考验，造就了千千万万的强者。

生活始终是一面镜子，照到的是我们的影像，当我们哭泣时，生活在哭泣；当我们微笑时，生活也在微笑。一个人的情绪受环境的影响，这是很正常的，但你苦着脸，一副苦大仇深的样子，对处境并不会有任何的改变，相反，如果微笑着去生活，那会增加亲和力，别人更乐于跟你交往，得到的机会也会更多。

一、学会合理宣泄

如果没有人向我们提供失败的教训，我们将一事无成。我们思考的轨道是在正确和错误之间二者择一，而且错误的选择和正确的选择的频率相等。

——刘易斯·托马斯

心情故事

刘芳是个初三年级的女孩子，她家境一般，为了让她接受更好的教育，父母背负着很重的经济压力。她也是个非常懂事的孩子，学习勤奋认真，成绩一直很好。可是

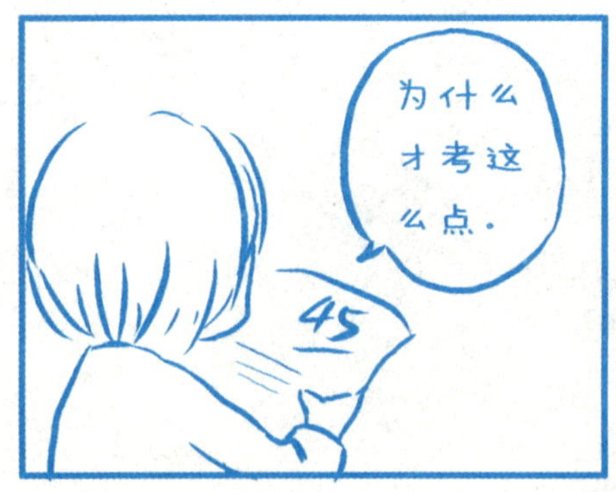

随着中考的临近，刘芳的心理压力也越来越大。她不再像初一、初二那样能够轻松自如地面对学习和考试了，经常想："如果中考失败会怎么样？"因此，她的成绩总是忽上忽下，一点也不稳定。因为刘芳读的是私立学校，两周才回家一次，表面看起来刘芳好像还是那么坦然和乐观，根本不需要任何考前的心理辅导或者宣泄，可是成绩却说明了一切：她不是真的能够坦然地面对中考，而是在掩饰和隐藏自己。她在日记里写道："马上就要中考了，亲爱的爸爸妈妈，我真的好害怕，害怕自己让你们失望，我该怎么办？我每天不敢想中考，只是拼命地学习，可是我依然没什么信心。"没有人知道她内心的想法，她也不与同学交流，一直压抑着自己的情绪，学习也没有效果。

心理解码

现在社会生活压力与日俱增，学生也同样承受着很大的压力。由于教育资源紧缺，为了获得更好的教育机会，他们从背上书包那一刻开始就同时背负着巨大的升学压力。在孩子求学和生活的过程中，失败和打击也如影随形。如何处理这些压力和失败带来的消极情绪的困扰，也是考验学生生存能力的重要内容。

为了将来能进更好的中学和大学，小学生要努力参加各种竞赛、课外辅导班，提高自身的竞争力：而进入中学以后就面临着高考这个在某种程度上决定一个人命运的考试，压力可想而知。有些学生的家庭并不富裕，甚至在沉重的学业负担之余还要为经济情况而忧心。在孩子们追梦的过程中，人生并不是一帆风顺的，他们还随时面临着失败和挫折的打击。

沉重的压力、不可预知的失败与挫折、有限的心理承受能力，这些都要求学生必须学会合理宣泄，把这些压力和失败带来的消极情绪从人生的行囊中掏出去，轻松地迎接未来的风雨。

一个不懂得合理宣泄的学生很可能走向两个极端：一个是直接宣布投降；另一个是不敢面对现实、消极逃避。第一种情况父母们容易发觉，也可以及时采取措施对孩子进行引导和教育；而另一种情况却不容易被父母发觉，很可能导致最终的失败。

在上述案例中，刘芳的情况就属于后一种，她在表面上看起来非常正常，但事实上在逃避中考，不稳定的成绩就说明了一切。

合理的宣泄可以让学生的身心得到放松，避免心理承受过重的压力而崩溃。过大的压力和打击带来的消极情绪长期堆积在心里得不到有效的宣泄，将严重影响他们的心理健康，并最终危害他们的身体。而那些采用逃避的方式来掩饰和隐藏情绪的学生则很可能遇到任何事情都选择逃避，形成不良的行为习惯，最终一事无成。

合理的宣泄是指在不影响他人和正常的生活、学习的情况下，宣泄自己心中的苦闷、悲观、害怕失败等负面情绪。这种宣泄不会带给他人危害，也不会影响孩子的正常学习和生活，而且对于孩子释放自己的消极情绪具有良好效果。因此，父母应该引导孩子及时进行合理的宣泄。

锦囊妙计

合理的自我宣泄有哪些方式

当你的学习压力比较大的时候，可以采取很多方式来让自己放松，但是有两个原则需要记住：一个是不能够伤害自己，例如自残行为；另一个是不能伤害别人，例如将自己的情绪随意发泄到别人身上。

1. 听听音乐。音乐能直接影响人的情绪和行为，节奏鲜明的音乐能振奋人的精神，使人激动、兴奋，而旋律优美的乐曲，则能使人情绪安静、轻松愉快。遇到忧愁、惊恐、烦恼时听听轻音乐，可使你的忧愁、惊恐、烦恼烟消云散。

2. 异地发泄。当你发怒时，不妨赶快跑到其他地方，干一些体力活，或者干脆出去走走，这样就把因盛怒激发出来的能量释放出来，心情随之平静下来，怒气也会消失掉大半。

3. 转移情绪。在不良情绪袭来之时，尽量做一些转换心情的事情，可以外出游玩，做些运动，等等。

4. 心理调整。不良情绪的心理调整方法比较多，如自我鼓励法、语言暗示法、疏导法。

5. 理智消解。忧愁、惊恐、愤怒等不良情绪产生于对事物的错误认识。对于这类不良情绪，只要冷静地、理智地分析一下自己对事物的认识是否正确，是否确实可忧、可惧、可怒，分析明白了，不良情绪也就不解自消了。

积极的自我暗示

自我肯定法，在20世纪首先运用于法国，是艾米勒·库埃所提出的，他称此法为“自我暗示”。此法的变化颇多，但原则却很简单，只要你选择一些目标，然后一遍一遍地告诉自己：“这是真的。”你的目标可以是任何事情，比如说：改善和某人的关系，让自己更乐观，获得勇气和意志力，完成某项工作，有吸引力，对自己感到满意……任何事物都可以借自我肯定法去进行。

现在，我们就用自我肯定法来坚定自己做自己的领导的决心和勇气。你可以拿一个本子或是一些空白卡片，写下这些句子：

我，是世界上独一无二的我。

我，是自己的主人。

我，必须为自己负责。

我，可以为自己负责。

我，有权选择自己的未来。

我，很聪明，很勇敢。

我，一天比一天勇敢。

我，对自己很有信心。

我，一天比一天有信心。

我，要抬头挺胸地走路。

我，是自己的领导。

你可以每天对着镜子轻松地念出这些句子。或许刚开始，你会有点儿不习惯，但是，坚持一段时间后，你就会惊喜地感受到自己身上的变化。

二、记住花开的芳香

一段不被接受的爱情，需要的不是伤心，而是时间，一段可以用来遗忘的时间。一颗被深深伤了的心，需要的不是同情，而是明白。

——《英国病人》台词

心情故事

单恋之花

阿灵是一个高二年级的女生，性格文静，才艺不错，是学校文学社的成员。在一次社团联欢会上，她和一个男生联合表演了一个节目。同学都说他们配合得很默契，

是很般配的一对。阿灵联想到这名男生平时对她的热情和主动帮助，突然有一种从来没有过的特殊感受。从那以后，她常常陶醉在一种甜蜜的感情里，开始牵挂着他的一举一动，一看到这名男生便不知所措，她想见他，又怕见他。但是，她却不确定这名阳光男孩是否也喜欢着她，她很想告诉他自己的想法，可是出于女生的矜持她害怕遭到拒绝，会让两个人很尴尬。于是，两个人就这样表面上风平浪静地相处着，可是阿灵的内心备受煎熬。

心理解码

单恋就是一个人单方面地爱上另一个人，那是得不到回报的爱。在青春时代，少男和少女均可能会无缘无故地迷恋上一个异性：他可能是一个同学、一位老师、一个邻居、一个每天在公共汽车上见到的陌生人，或者是某一位歌星、某一位运动健将。这种青春时代的单恋者，只有勇气在远方仰慕被恋者，但不敢接近求爱；每当和被恋者面对面的时候，便不禁心跳加速，面红耳赤，张口结舌。在青春期，单恋是非常普遍的事情，几乎在每个人的身上都发生过，一次、两次甚至多次也说不定。

那么，单恋是什么原因造成的呢？青少年单恋是由于生理上的不断成熟，性意识开始觉醒，出现钟情、思春的朦胧状态。这属于正常现象。俗话说："哪个少男不钟情？哪个少女不怀春？"所以单恋经常在这个年龄段出现。

单恋有多种类型：羞怯型的人，默默地、强烈地爱着一个异性，但由于害羞，或是胆怯，不敢向对方吐露真情，因而陷入无边的自我苦恼中。

执拗型的人，向某一位心爱的人表达了爱意，却遭到了拒绝，但热烈的爱情并不因此消减。

幻想型的人，所爱之人远在天边，渺渺茫茫，可望而不可即。或是明星，或是英雄。明知连走近对方身边都毫无希望，却无法熄灭心中的爱情，日夜空思念。

单恋者的心理状态是各不相同的。比如，羞怯型的单恋者，往往把所爱的人看得很高，把自己贬得很低。他们把理想的光环加在对方的头上，并被光环罩住了双眼，愈发觉得对方高不可攀，自己卑微。他们唯恐吐露心声以后，遭到拒绝，或受到奚落，连爱的希望也失去了，因而宁愿把炽热的爱情埋在心底。无论是羞怯型、执拗型还是幻想型的单恋，即使根本没有相恋的可能，或者落花有意，流水无情，却仍怀抱希望，不肯罢手。

单恋者中，男性、女性都有，而以青春期的女性为多。如果一个人单恋时间短，当然对自己没有什么影响。但如果长期处于单恋状态，容易造成心理失调，导致性格封闭，情绪低落，对周围的人和事漠不关心，学习成绩下滑等，比较严重的可能会患上精神疾病，因此，单恋者需要及时调整自己的状态。

锦囊妙计

1. 避免“光环效应”。俗话说：“情人眼里出西施。”有时当你喜欢一个人的时候，怎么看他都觉得是好的，对他的评价失去了客观性。心理学家也对这一现象进行了研究，他们发现在人际交往中，人们常有以偏概全的评价倾向，犹如大风前月晕逐步扩散，形成一个更大的光环。这种效应就是“光环效应”。如果认为某人具有某个突出优点，这个人就被积极肯定的光环笼罩，并被赋予更多好感；如果认为某人具有某个突出缺点，这个人就被消极否定的光环笼罩，甚至认为他其他方面都不好。可见，“光环效应”是一种认知偏差，不利于人们全面正确地认识他人。这就提醒我们，在真正了解一个人之前，不可听信别人的评价，更不可凭一时的感觉。

单恋者往往以为自己喜欢的人是非常完美的，从而陷入单相思之中，而忘记了反思自己对对方的评价是否客观、真实。

2. 接纳自己的情感。喜欢异性是一种非常正常的情感，不必因此而产生自责、负罪的心理。无论对方接不接受你的表白，你都有喜欢、欣赏他的权利。只是需要注意，不要去死缠烂打，非要逼对方同意，因为这不是喜欢，而是以爱的名义要挟对方。当然，如果喜欢一个人而被拒绝，人们难免会感到沮丧，其实有时候，并不是我们不够好，而是对方还不需要谈恋爱，或者他还没有欣赏到你的优点。

3. 合理表达。 当我们求之不能的时候，可以把单恋的缘由、经过、幻想和苦闷，向老师、家长或知心朋友倾诉，听听他们的评说与劝慰，也可以通过写日记的方式去获得心灵的安慰。但切忌逢人便讲，因为这样可能会引起麻烦，增加你的烦恼。

4. 提升自我。 单恋被拒绝除了难过、沮丧之外，还能够去做的就是不断提升自己。让这份美好的感情激励自己不断成长，从形象气质到内在修养等各方面让自己优秀起来，优秀到足以引起他的注意，优秀到自己有足够的自信站在他身边。泰国电影《初恋这件小事》讲的就是一个平凡的女生喜欢上一位优秀的学长，从而使自己成为一名非常优秀的人才的故事。

远方

宽厚肩膀手指干净而修长
笑声像大海眼神里有阳光
我想象你一定就是这样
还没出现就已对你爱恋
还没遇见就先有了思念
要给我的爱如果你还在灌溉
要我等待我就等待
北方南方某个远方一定有座爱情天堂

我们用爱幸福对方共用一对翅膀飞翔
请找到我到了对的时候
相遇的路口请认出我
属于我的爱先种在你心中
请感动我等它成熟
北方南方某个远方一定有座爱情天堂
我们用爱幸福对方共用一对翅膀飞翔
虽然偶尔会孤单虽然等候太漫长
万一青春太短　woo~
但是只要看远方就能再坚定信仰
只有最好的你能给最好的爱
我很确定不远远方会有我们爱的天堂
心会温暖笑会灿烂风沙星辰永远相伴

——施人诚

对于青春期的我们来说，爱情就像一个尚未成熟的“青苹果”，如果过早尝试，则苦涩难咽。因为，对于漫长的人生来说，我们尚未长大成人，还不能肩负起对爱情的责任，所以请保持理智，等苹果熟了再采摘，我们的爱情还在远方。

三、贫困带不走笑容

同样一件事情的发生，有的人感到非常痛苦，有的人能够接受。因为这两者的忍耐能力不同。有忍耐能力的人才容易成功。

——方海权

心情故事

成功的唯一秘诀就是坚持到最后

个子高挑，发梢微卷，漂亮不失甜美，细腻且有自信，这就是高一诗歌朗诵一等奖的获得者李小君同学。李小君同学不仅才艺出众，学习成绩也很优异。然而，李小君同学的成长之路并非一帆风顺，她自幼家境贫寒，父母长期在外打工，只有奶奶陪伴

她。但是她并没有向生活妥协,而是乐观地面对一切困难,逐渐养成了独立、负责、敢爱敢恨的性格。对待生活,她有自己的主见和积极的态度;对待同学,她热情友好,较强的领导能力和开朗的性格为她赢来了许多朋友;对待困难,她毫不退缩,每当遇到困难她永远是正能量。她总是坚持着,就像她的座右铭一样:成功的唯一途径就是坚持到最后一秒钟。

有人说过这么一句话:“自信是女孩最好的装饰品。”人可以长得不漂亮,可以一无所有,但就是不可以没有自信。李小君同学的成长经历给了我们很好的启示,身处逆境不自怨,充满自信迎光明。

心理解码

李小君出身于贫困家庭,但她没有因此丧失自信心,在各个方面表现突出。在中学生中,家庭贫困的学生占有一定的比例,他们因为家庭经济条件的影响,会产生一定的心理困惑,具体表现为以下方面。

1. 自卑心理。自卑是贫困生最突出的心理问题之一,许多贫困生因家庭经济困难而自卑,对自己持完全否定的态度,面对逆境,在心理上采取逃避、退缩的应对方式。但同时他们又有强烈的自尊心,内心极为敏感。因而,对涉及自己的事情很容易产生强烈的情感波动,同学间不经意的一些玩笑或某种行为,都有可能刺伤到他们。

2. 抑郁情绪。也有一些贫困生因家境不佳而产生自我封闭,失去与他人交往的热情,如果因“寒酸”的形象遇到歧视或冷遇,强烈的自尊心也可能使他们产生对社会的敌对态度和强迫症状,造成抑郁心理。

3. 嫉妒和虚荣心理。富裕学生所表现出的那种优越感和傲慢也会刺激贫困生,使其内心不满,这种矛盾致使其在情感和认知上出现障碍,进而诱发其他恶性心理,导致贫困生对同学产生嫉妒之情。还有部分贫困生为自身的贫困而感到羞耻,他们极力去掩饰,去伪装,想依靠表象来掩盖贫困的事实,从而得到心理上的满足。

4. 反社会人格倾向。爱的缺失,学习动机不足,有反社会人格倾向。部分贫困生来自单亲家庭，由于缺少家庭的关爱，他们会表现出胆小、自卑、忧郁等特征，常常沉湎于痛苦的回忆中不能自拔，学习动力严重不足，学习成绩不理想。如果遇到同学的嘲讽，没能及时疏导，容易产生反社会人格倾向，例如马加爵事件。

当然，贫困生身上也有他们积极的个性品质。例如，勤奋上进，大多数家境比较贫寒的学生在学习方面反而比较优异，他们能吃苦，有毅力；在人际交往方面，他们善良、谨慎、乐于助人等，这些优秀的品质使许多家贫志坚的学生最终走向了成功。

锦囊妙计

当我们面临家庭经济困难时，以下方法可以帮助我们解决心理上的脆弱。

1. 培养自己乐观自信的性格。同一事物，在不同的人看来会有不同的结果。我

们心情的不同往往不是由事物本身引起的，而是取决于我们看待事物的不同方式。乐观自信的性格可以使我们充满热情地投入工作、学习，使我们心胸宽阔，诚恳接受善意的批评，以达观态度对待不如意的事；也可以使我们更加明辨是非，与积极、乐观、爽朗的人交往，形成相互的积极影响。

2. 寻找主观原因。我们在成长过程中遭遇坎坷是正常的。对于困难，我们要正确面对，不能逃避。遇到困难不怨天尤人，积极寻找主观原因，找到问题症结所在，集中精力解决问题。每一次战胜困难，我们就会给自己一次成长的机会，在困难的历练中我们可以更加成熟和出色。

3. 接近大自然。 自然界的花草树木、鸟语花香、青山碧水有助于心情愉快开朗。当我们学习或工作劳累的时候，即使走到窗前眺望一下青草绿树，也对我们的心情大有裨益。

4. 经常参加健身运动。 健身运动对我们有百利而无一害。心情不好的时候可以打打球，跑跑步，哪怕我们每天只是散步十分钟，对克服坏心情都能收到立竿见影的效果。

心灵自助餐

战胜残疾的巴雷尼

巴雷尼小时候因病成了残疾，母亲的心就像刀绞一样，但她还是强忍住自己的悲痛。她想，孩子现在最需要的是鼓励和帮助，而不是妈妈的眼泪。母亲来到巴雷尼的病床前，拉着他的手说："孩子，妈妈相信你是个有志气的人，希望你能用自己的双腿，在人生的道路上勇敢地走下去！好巴雷尼，你能够答应妈妈吗？"

母亲的话，像铁锤一样撞击着巴雷尼的心扉，他"哇"的一声，扑到母亲怀里大哭起来。

从那以后，妈妈只要一有空，就陪巴雷尼练习走路，做体操，常常累得满头大汗。有一次妈妈得了重感冒，她想，做母亲的不仅要言传，还要身教。尽管发着高烧，她还是下床按计划帮助巴雷尼练习走路。黄豆般的汗水从妈妈脸上淌下来，她用干毛巾擦擦，咬紧牙，硬是帮巴雷尼完成了当天的锻炼计划。

体育锻炼弥补了残疾给巴雷尼带来的不便。母亲的榜样作用，更是深深教育了巴雷尼，他终于经受住了命运给他的严酷打击。他刻苦学习，学习成绩一直在班上名列前茅。最后，以优异的成绩考进了维也纳大学医学院。大学毕业后，巴雷尼以全部精力，致力于耳科神经学的研究，最终登上了诺贝尔生理学或医学奖的领奖台。

四、顺其自然，远离强迫

所有的悲伤，总会留下一丝欢乐的线索。所有的遗憾，总会留下一处完美的角落。

——题记

赶不走的厄运

阿龙上初中二年级的时候，有一天放学值日打扫卫生时，有一个同学和他打闹的时候不小心把扫帚从他头上扫过。当地人有一种说法，认为扫帚碰到头，就会有坏运

气，必须要吃了对方的糖才能消除坏运气。阿龙开始并不相信这些，他也没有让同学给他买糖。但是这件事令他很不舒服。没过几天，阿龙的手臂骨折。他想到了扫帚的事情，不禁怀疑是不是自己的厄运真的来了。于是又要求那个同学给他买糖。虽然吃了糖，可是心里还是隐隐地担心，厄运说不定什么时候就真的来了。到了初三，他的担心更严重了，看到那个同学，要向他吐十次口水才能安心。如果哪次没有吐，他就会很担心，什么事情都不能做，会反复地想：要有厄运了，要有厄运了……再找到那个同学，朝他吐十次口水才感觉好点儿。后来发展到在教室里也要吐口水十次，走路要走直线，如果没有沿着直线走，一定要返回去重新走一遍，情况越来越严重。这令他非常苦恼，一方面他觉得这样做完全没有必要，想控制自己不要去做，另一方面又担心不做的话厄运会真的到来。

心理解码

阿龙的情况明显属于强迫行为，如果不及时得到心理治疗，就会发展为强迫症。强迫症是一组以强迫症状（主要包括强迫观念和强迫行为）为主要临床表现的神经症。

这里大家需要注意一下强迫症与强迫现象的区别。几乎所有的人可能都经历过强迫现象，比如有时会有一首歌老在脑海里响起，或者出门后总在担心屋门是否忘记锁了，煤气是不是没关好，甚至会因此回家检查。儿童也会出现强迫现象，比如儿童在马路上行走时，走 4 步必须跳 1 步才能继续向前走等。可以说人人都可能会有强迫现象，一般来说，这种强迫现象程度轻微，持续时间短，没引起严重焦虑等情绪障碍的话，就是一种正常的表现。

强迫症状一般包括强迫观念和强迫行为。

1. 强迫观念。 反复思考一些想法，比如怀疑、回忆等。例如一位学生总是怀疑是否关好门窗，准备投递的信是否写好地址等，在怀疑的同时伴随着明显的焦虑情绪；强迫回忆，如对过去的经历、往事反复回忆，虽知毫无实际意义，但总是萦绕于脑中，无法摆脱，因而感到厌烦至极，严重影响到学习和生活。

2. 强迫行为。 反复做一些没有必要的行为，如反复检查、反复洗手、反复计数以及仪式性动作等等，例如总是做象征福祸吉凶的固定动作，试图以此减轻或防止强迫观念所引起的焦虑不安等。

强迫症的形成，主要与三个要素有关：个性缺陷、逃避现实、言行不一。比如，过分追求完美、犹豫不决、谨小慎微、固执等，具备这些不良个性特征容易患强迫症。另外，家庭教育与社会环境的影响也起重要作用，特别是具有强迫个性的父母对孩子有着潜移默化的影响。对子女的教育不当，如过分苛求，对生活的刻板化要求，使他们形成遇事谨小慎微、优柔寡断，务求一丝不苟，十全十美，事前反复推敲，事后后悔自责。在与人交往中过分严肃、古板、固执，在生活上过分强求有规律的作息制度和卫

生习惯，一切均要求井井有条等，一旦心理形成定式后，由于自己习惯于它，就容易引起强迫行为。

锦囊妙计

要解除对强迫症状的紧张和焦虑，对自己的症状采取不理、不怕、不对抗的态度，一定要顺其自然，这是打破恶性循环的关键。因为强迫症状之所以出现，正是由于你不允许这种症状出现，非要和它对抗，这反而是在提醒、强化自己产生强迫症状。此时你越是强烈地要求自己不强迫，实际上就越是强迫自己去强迫。

还要注重个性的重新塑造，改变自己的不良人格结构，树立起自信，培养良好的心理素质，形成积极、乐观、无畏、果敢的思维方式，但不能企图立刻消除症状。

1. 不理。不理是强迫症患者最为明智的策略。如果强迫症状并没有引起患者的焦虑反应，那么久而久之，它就会因为感到“无聊”而告退了。

2. 不怕。对于强迫症患者，其症状只是一种表象的东西，真正在后面起作用的是他们的不良个性和思维方式。强迫症患者的首要任务，是其个性的重新塑造，改变自己的不良人格结构，树立起自信，培养良好的心理素质，形成积极、乐观、无畏、果敢的思维方式，而绝不是企图立刻消除症状。这项工作首先要从自己对症状的态度开始。所谓不怕，并不是要抑制症状，你要想：症状出现就让它出现吧，没有什么大不了的。即使对我造成一点不利的影响，也是暂时的、有限的、可弥补的。如果我能不怕，不与之对抗，我的心理素质就会越来越强，那么从长远来看，我会越来越好，我也一定会成功和幸福的。

3. 不对抗。不对抗的意思是“顺其自然”。“顺其自然”不是症状出现后放任自流、无所作为，而是按照正确的方向去行动和努力，坚持正常的学习与生活，做自己应该做的事。“顺其自然”不是让你想怎样就怎样，而是要你忍受着一定的痛苦，坚持听课学习。你可以通过认真思考、积极想象、善于质疑等方式，让自己投入学习中去。这样一来，症状就越来越不能对你的学习与生活造成干扰，你对它的恐惧与焦虑也就会逐渐减轻。“顺其自然”不光是在症状到来时要“为所当为”，在平时更要去做有价值、有意义、富于建设性的活动，包括树立目标，有所追求，增长学识，提高才干，建立起真的自信，积极地生活，培养广泛的兴趣，观察、发掘、体验生活中美好的事物，不逃避困难，正确对待挫折，培养自己解决问题的能力。

微笑改变人生

在进入这个新加坡人投资的家具公司之前，她先后干过不少工作——承包过农田，搞过运输，卖过袜子，还卖过雪糕。但是，都没有挣到钱。对于一个离异了又带着孩子的女人来说，既没有出众的长相，又无骄人的学历，生活的确不易。

她被分在来料车间，都是些杂活，但她还是十分珍惜，也干得格外卖力且出色。有一次，一个本地木材商因质量问题与公司发生激烈冲突，她主动请缨，最后把事情处理得非常妥帖，为公司挽回了大笔损失。她因此得到了老板的赏识，并第一次赢得额外奖金。

她很是高兴了一阵子。但是，悲观的现实马上将她拉回愁眉苦脸的状态中。需要补充的是，她来这个公司已经大半年时间了，基本上没有露出过笑脸。而且，天天穿着那套老旧的工作服，就更别提化妆打扮了。

后来，车间领班荣升为经理助理。在大家眼中，空缺的位置非她莫属了。但是很意外，老板提拔了另外一个人。有人劝她找老板问个明白。她去了，老板问她："你怎么每天都没有笑容呢？"她说："就咱们眼前这些活儿还需要微笑吗？"老板突然显得严肃起来："是的，依我看，干什么都需要笑，你要是会微笑，付出同样的努力，就能比别人收获更多；相反，呆板会消损你的努力。我之所以把领班这个位置安排给另外一个人，就是因为她比你乐观。有时候，微笑也是一种力量啊……"于是，她开始试着用微笑来面对身边的一切。许多熟人见了，都惊叹她的改变，并欣慰于她日渐好转的处境。

五、学会感恩，消除隔膜

这个世界,如果真的有完美无缺的东西,那一定是无趣的。

——题记

我不喜欢妈妈

小莲上有一个姐姐,下有一个弟弟。她出生后,母亲为了再生一个男孩,对外隐瞒了小莲出生的事实,把她寄养在外婆家。外婆外公从小很疼爱她,一直把她带到小学毕业,才送回父母身边。在此期间,爸爸妈妈只有过年的时候才回家看她一次,而

小莲的姐姐和弟弟一直在父母身边长大。回到父母身边后，小莲很不习惯，总是很想念外公外婆，她觉得新家很陌生，不属于自己，自己在这个家是多余的。父母很想弥补自己对小莲的亲情缺失，回来之后，给她买了很多新衣服，可是小莲并不领情，有什么事情都不和父母说。

在学校里，小莲的表现也很让人担忧，由于农村与城市生活习惯、文化的差异，小莲觉得学校的同学与自己以前的朋友差别很大，他们谈论的事情、想法与自己格格不入，她害怕自己被别人嘲笑，所以一个朋友也没有，时常独来独往，性格越来越孤僻。

心理解码

故事中的小莲由于长期生活在外婆家，与父母之间难免有情感的隔阂，她不像姐姐或者弟弟那样亲近父母，有心里话也没有办法对父母敞开心扉。亲情的冷淡影响到她在学校中的人际交往，变得敏感而没有自信。小莲的情况并不是个例，留守儿童的心理问题是我们整个时代的痛。

现在有部分家庭因没有时间或精力，或者经济条件不具备，或者违反计划生育超生怕被发现等种种原因，把自己的孩子留在老家给爷爷奶奶或外公外婆抚养，等有条件时才把孩子接回父母的身边。随着政策放宽，许多农民工子女随父母进城享受义务教育，但留守儿童越来越多，出现的问题也很多。

一般来说，留守时间要累计达到半年以上才称为留守儿童。父母不在身边，对孩子来说是一种缺失。与孩子建立亲密融洽的亲子关系的最佳时期，是在六岁之前。特别是在四五岁孩子语言交流等能力的养成、五六岁孩子安全感需要的满足、七八岁孩子个性倾向的建立这几个阶段，都需要亲生父母的陪伴。但这恰恰被很多人认为是最不重要的阶段。过了这个阶段，想要弥补，恐怕就太难了。留守的时间越长，对亲子关系的影响就越大。

成人总是一厢情愿地认为，血缘关系是永远割舍不了的，自己的孩子无论怎样都会和自己亲密无间，其实这是大错特错的。人是有感情的动物，日久生情是再自然不过的一件事了。在老家生活久了以后，孩子会对爷爷奶奶产生移情，在他们心里爷爷奶奶就是自己的“心理父母”，同时也表现出对父母的疏远和隔膜，尤其是会使母亲和子女间产生“亲生后母”现象，这给母子双方的心理都会造成巨大的创伤。留守儿童在亲子关系方面存在明显的问题，比如与父母产生隔阂、感情淡漠、爱闹别扭、无话可说、对立叛逆、离家出走，怀疑自己不是父母亲生、怨恨父母偏心甚至闹得家庭鸡犬不宁等。

当然，也不是所有留守儿童回到父母身边后都会出现心理问题。有的孩子会变得比较独立，生活自理能力比较强，这与抚养人的教育观念、教养方式有很大关系，但是父母与孩子之间的情感肯定会受到影响。

锦囊妙计

面对与父母感情的隔膜，每个孩子内心也都是挣扎与痛苦的，谁不想躺在父母的怀里撒娇？可是，他们却不能，因为他们不知道父母是不是能够接纳他、爱他、任他怎么胡闹都不生气，他们也不习惯向父母敞开心扉。那么怎样才能让亲子关系慢慢得到改善呢？我想青少年至少可以从以下几个方面去做。

1. 宽容和理解父母。 父母都爱自己的孩子，但父母也有自己的苦衷和无奈，他们或许是迫于经济的压力，或许是因为无法给你稳定的生活而选择让你留守。有时，不是父母不爱我们，而是他们不知道如何去爱，如何去表达。所以，很多时候我们应该想一想，父母的行为是不是可以谅解？一个懂事的学生，明白父母的爱并主动修复亲情应该是不难的。

2. 主动融入家庭。 刚刚回到父母身边，想一下子就和别的孩子一样，与父母亲密无间是不可能的。先试着像朋友一样与父母相处，主动关心父母的爱好、需求，关心他们的生活，感谢他们为你的付出，随着时间的积累，你们的关系一定会好起来。当与父母有冲突时尽量沟通化解，实在不行的话也要在同学或亲友那里寻求帮助。

3. 为自己的人生负责。父母给了我们生命和生存的权利，这就足够了，自己的人生需要自己去努力。一位美国心理学家到一位中国人家中做客，主人两岁多的小宝宝在客厅里跑动，不小心被椅子绊倒，大哭起来。妈妈赶紧跑过来抱起小孩，然后一边用手打椅子一边说："宝宝不哭，妈妈打这个坏椅子，妈妈打这个坏椅子。"心理学家见此情景不禁有些狐疑，过了一会儿，他对这个母亲说："这跟椅子没关系，是他自己不小心绊倒了椅子，是他自己造成了这样的结果，并非椅子的错。你应当让他知道，如果他做错了什么事，责任就应当由他自己来负。这样他长大后就会慢慢懂得，在他与这个世界发生关系时，他所应负的责任是什么。"

我们每个人都应该为自己的人生负责，想想为了对抗和报复父母当初抛弃自己，牺牲个人的发展甚至偏离正确的人生轨道，值得吗？

4. 不抱怨，不后悔。无论过去曾经发生了什么事情，都已经不重要了。重要的是，从今天开始，我们要努力生活得比昨天更美好。

心灵自助餐

让感恩成为一种习惯

有一则小故事，讲到一位辛苦持家的主妇，操劳了大半辈子，却从来没有从家人身上得到过任何感激。

有一天，她问丈夫："如果我死了，你会不会买花向我哀悼？"

她丈夫惊讶地说："当然会啊！不过，你在胡说些什么呀？"

她一本正经地说："等到我死的时候，再多的鲜花都已经没有意义了，不如趁我还活着的时候，送我一朵花就够了！"

有时候，一朵花就可以表达谢意，给对方喜悦及希望。可惜的是，有些人并非不愿意表达感恩，而是天性木讷、害羞，不好意思大声说："谢谢！"或是不懂得如何适当地向对方表示。

也许，对方并不期待回馈或报答，但并不表示受惠的人就可以因此而忽略对方的付出。长期辜负别人的付出，其实是自己的损失。没有道谢，就无法体会彼此的好意在两人之间是多么重要，也很可能因此无法再继续得到对方的恩惠。

其实，表达自己的感恩或接受对方的感恩，都需要练习，并且需要将它培养成一种自然的习惯。"大恩不言谢！"只是客套话。恩惠不论大小，都应相信"滴水之恩当涌泉相报！"

第四篇　勇气与自信心

树，砍断枝条还能再生；草，烧了还能再长。悬崖上的一棵松树茁壮生长着，不需要谁来施肥，也不需要谁来灌溉。一粒种子，可以掀翻压着它的石块，顽强地向上生长。植物是那么珍惜生命，不放弃一点儿生存的机会，它们凭着勇气克服重重困难，努力地生长，尽管它们也许长得并不茂盛，但这种毅力和勇气让人不得不佩服。

惧怕，只不过是心里的一个障碍物，我们要克服它，重塑勇气。在任何时候都不能丧失我们的勇气和自信，这样才能走上成功之路。

一、为自己撑一把雨伞

下雨的时候，当别人移去了你头顶的伞；
请你记住：与其在泥泞中哭泣，
还不如为自己撑起一把大伞。
那伞，不光是勇敢；
更是做人的尊严。

——题记

心情故事

总是被同学欺负

林是家中独子，从小到大深受父母呵护，从来没有跟同学吵过架，在学校有什么问题都回家问妈妈。他的性格比较温和，没有特别要好的朋友，放学后基本上都在家

里玩。初中毕业后来到一所寄宿制高中，开始了他的高中生活。一个月的住宿生活让他苦不堪言，宿舍里有几个比较调皮的男生总是喜欢开他的玩笑，他们有时把他的鞋子藏起来，有时把他关在洗手间不让他出来，有时一起嘲笑他。刚开始他有些生气，但觉得是一个宿舍的不想起冲突，就忍让了。可是，室友看他比较好欺负，就变本加厉，有时从家里带来的水果、零食自己还没吃就被室友抢光了，他想发火却发不出来。有时候也担心自己一个人反抗的话会吃亏，时间久了，他非常害怕回到宿舍，无奈只好不住宿舍。可是，在班上他们也不让他好过，时常作弄他，班里其他同学也不怎么和他说话，林觉得好苦闷！

心理解码

林的遭遇是典型的被欺负现象。欺负行为是指有意地对别人造成伤害，这种伤害可能是身体的或心理的。校园欺负的形式有很多，常见的有以下三种。

1. 身体欺负。强势个体直接对弱势个体施行的故意的攻击性行为，包括用手、头、脚等躯体进行欺负。

2. 言语欺负。强势个体用语言直接对弱势个体施行的故意的攻击性行为，包括说风凉话、诽谤、挖苦讽刺、辱骂、言语骚扰等等，这种言语欺负问题，在中小学校园内，可以说是家常便饭，如果老师不正确处理，便会演变为身体欺负。

3. 关系欺负。强势个体借助其他同学与自己一起直接对弱势个体施行的故意的攻击性行为，或者强势个体自己不出面，而让其好友出面间接地对弱势个体施行的故意的攻击性行为，而弱势个体却一点也不知是因为何事，就让别人骂得或打得晕头转向，这是一种更为隐蔽的欺负行为，其后果更不堪设想。这种关系欺负，最容易发展成“校园团伙”之间的暴力行为，或成为校外黑势力团伙发展的对象。

校园欺负多发生在中小学，在世界的各个国家，每天都会发生校园欺负的事件，并不时有校园学生暴力案件的报道，其中还有一些性质相当严重的恶性案件。案件中那些心灵被扭曲的孩子们作案手段之残忍，令人触目惊心。

经常被欺负的人通常是不会和人打交道，比较讨人嫌，或者性格、行为比较怪异的，性格内向懦弱、没有什么朋友的人。不善于表达或身体、智力有障碍的人也比较容易受欺负。经常受欺负对学生的身心健康有很大的危害，会导致青少年情绪抑郁、焦虑、孤独、学校适应不良等，严重者会导致自杀或伤害他人的事件。

任何形式的欺负行为都是不可接受的，因为欺负除了对受伤者造成伤害外，对欺负者和旁观者同样造成伤害。欺负者长期欺负别人，会形成自我中心，对同学缺少同情心，而旁观者会因为帮不到受害者而感到内疚、不安，同时也会影响到学校的整体纪律和风气。所以，一定要遏制校园的欺负行为。

锦囊妙计

1. 如果是你自己性格懦弱，就要改变自己。不管现在还是以后走入社会，坚强、自信都很重要。

2. 敬而远之。学校可能有一些人和学校外面的地痞流氓有联系，这些人在学校基本没人敢惹，他们手下还跟着一群向往黑社会的同校学生。对这种人需牢记四字：敬而远之。尽量不要和他们有任何牵扯，不议论是非，不说三道四，不给他们寻找欺负的理由和借口，否则你可能经常被敲诈勒索。

3. 多交朋友。多交朋友可以减少自己的对立面，可以多几个人帮助自己。班上爱欺负别人的人多半也认识几个学校里的同党，他知道你软弱老实或者从小就有被人欺负的历史，就会找几个同党一起来试探性地逗你，等发现你真的好欺负，欺负你的次数会越来越多，手段会越来越过分，而朋友多了就没人敢欺负你。

4. 积极寻求有效资源的帮助。被欺负不是你的错，寻求帮助不是没面子的事。比如寻求父母的帮助，父母是最爱你的人；找心理老师倾诉，老师不仅会帮你保密，还会想出很多办法帮你解决问题。

6. 面对欺负行为，如果不是自己的错误，老师和父母不能解决，适当的反抗还是需要的。当然，保持适当的反抗就可以了，不能过分。也就是说，别人骂自己，自己就骂别人，而不是打别人。那些欺负你的人百分之百是欺软怕硬的人，遇到他们时也不要被吓到，要先保持镇静，他们欺负你时，不要退缩，你可以大吼一声“哪个再打我，跟他拼了”，做出一副要拼命的样子。谁敢打你，你马上对着第一个动手打你的人猛烈反击，别停！在这次之后，只要你最多再保持一次这种态度，以后就没人敢欺负你。不要感觉打人者那张脸看起来可怕，他们的内心其实很懦弱。

关于勇气的故事

基恩博士是美国著名的心理医生，他常常对人讲这样一个故事。在一个公园里，几个白人小孩正玩得高兴。这时，一位卖氢气球的老人推着小车进了公园。白人孩子一窝蜂地跑了上去，每人买了一个，兴高采烈地追逐着放飞在空中的色彩艳丽的氢气球。在公园的一个角落，蹲着一个黑人小孩，他羡慕地看着白人小孩嬉笑，他不敢和他们一起玩，因为他们是白人，而他是黑人。

他没有信心与白人小孩一起玩。白人小孩高兴地到别的地方去玩了。当他们的身影消失后，黑人小孩怯生生地走到老人的车旁，用略带恳求的语气问道："您可以卖一个气球给我吗？"老人用慈祥的目光打量了一下他，温和地说："当然可以。你要一个什么颜色的？"黑人小孩鼓起勇气说："我要一个黑色的。"满脸沧桑的老人惊诧地看着小男孩，然后给了他一个黑色的氢气球。

黑人小孩开心地拿过气球，小手一松，黑气球在微风中冉冉升起，在蓝天白云的映衬下，黑色的气球成了一道别样的风景。老人一边眯着眼睛看着气球升起，一边用手轻轻地拍了拍小孩的后脑勺，说："记住，气球能升起，不是因为它的颜色和形状，而是气球内充满了氢气。一个人的成败不是因为种族、出身，关键是你的心中有没有自信！"那个黑人小孩便是基恩博士自己。

二、把烦恼写在沙滩上

世界上最宽阔的是海洋，比海洋更宽阔的是天空，比天空更宽阔的是人的胸怀。

——雨果

心情故事

我是一个容易受伤的人

晓外貌清秀，性格敏感、内向。因为父母工作繁忙，她和妹妹从小分别在奶奶和外婆家长大。小学三年级的时候她才回到父母身边读书，在家里时常因为一些小的事情生气。晓来到心理咨询室求助，主要是因为一直暗恋的男生和别人约会了，她非常难受。她觉得自己一切的希望都没有了，班里有不少同学知道自己喜欢那个男生，现在都在看她的笑话。晓变得对什么事情都很敏感，有时候同学们在一起聊天，她也觉得他们是在背后说自己的坏话。回到家里，父母有时声音大一些，她就觉得爸妈根本就不在乎自己，从来也不爱自己。在班里，她很少与同学讲话，因为她觉得自己在别人印象中一定很糟糕。期中考试成绩下来了，同桌原本数学不如她，这次也比她高了几分，为此，她有两天都吃不进东西，觉得很难过。

心理解码

喜欢的人不喜欢自己，这本来就是一件让人伤心的事情。只是晓的伤感似乎有些扩大化，这与她的成长经历、性格密切相关，比较敏感、对发生的事情倾向于负面解释等，让她的生活过得很辛苦。

性格敏感最主要的原因是缺乏自信心，缺乏对别人的信任，总怕自己受到伤害，太在意别人的眼光。她从小没生活在父母身边，与父母之间的感情相对就比较淡漠，遇到事情缺乏情感支持，当感情受挫时会产生严重的自卑心理，怕被别人嘲笑。这时同学的一个细微的态度、情绪和行为，都会被她扩大和夸张，她可能会感到他们在嘲笑自己，这些感受都是可以理解的。

在青少年时期，有一部分学生因为性格敏感而情绪容易波动。一个人的身体如果对外界刺激过于敏感，就会带来很多的不适感，甚至是疾病。比如皮肤过于敏感，一见太阳就容易起红疙瘩；鼻腔过于敏感，一到春季就会得鼻炎；眼睛如果太敏感，遇见微风也会流泪。其实不光身体是这样，心灵也一样。过于敏感的心灵在生活中总是容易伤感。虽然它不是什么大毛病，但过于敏感常给人带来不愉快的情绪甚至烦恼。过于敏感是一种不良的心理素质，如不加以克服，不仅会影响工作、学习，还会影响身心健康，造成人际关系紧张。

几乎所有的人都因为别人的批评而生气过，但对有些人来说，任何批评都是一场灾难。这主要是由性格敏感造成的。性格敏感的原因一般有三个方面：胆怯，对自己缺乏足够认识；水仙花人格，觉得自己比别人优越，应该受到更好的对待；偏执，总觉得自己在受虐待。这三种情况都会让人感到痛苦。心理学研究者指出，过于敏感会造成三类问题：首先，它会使人对周围环境，特别是对容易令别人对自己产生怀疑的因素过分注意；其次，它会使人对即使是中性的信息也做出不利于自己的判断（比如，认为别人的微笑有讽刺意味）；最后，它会使人难以对环境做出适当的反应，容易生闷气或者攻击别人，这会妨碍人们采取正确的行动。当责备语言表达的恰恰是这些人最关注的内容时，越是无意之间触到痛处，越会招致强烈的反应。虽然是简单的一句话，产生的作用却可以使这些人有被剥光的感觉。过分敏感之人的悲哀在于不懂得自嘲。心理分析认为，他们的性格中混杂着羞怯、负罪感和自我惩罚的愿望，当他们觉得难以忍受时会倾向于采取极端的行为。

锦囊妙计

如果你是一个性格非常敏感的人，可以按照以下的建议做出调整。

1. 调整自己的反应。关注自己的身体健康，在感到要发脾气的时候，设法让情绪正常表达出来，可以通过深呼吸来调节情绪后再理智地处理问题。例如，向让你觉得不安的那个人说出你的理解，你的感觉。和他谈心，让他做出解释。坚持从事实出发，问他："这到底怎么回事？""为什么你跟我说这样的话？""你到底对我有什么不满意？"等等。

2. 不要轻易发作。为了避免曲解别人的语言和行动，需要随时保证收到的信息是准确的。你只要向别人提出一些简单的询问就可以解决问题，比如："我觉得你最近总躲着我，我是不是做错了什么？"等等。

3. 凡事往好处想。敏感的人最大的特点就是凡事总爱往坏处想，结果往往是自寻烦恼。其实，如果他们把事情都往好的方面想，就会发现生活其实挺有意思的，并不像自己想象的那么糟糕。

4. 发现优点，培养自信。 首先要自己瞧得起自己，心理敏感的人往往忽视自身的优点，夸大自身的弱点，看不到自身的价值。所以，既要欣赏自己的优点，还要接纳自己的缺点和不完美，扬长避短。同时要积极参加各种活动，勤奋求学，发展特长，在活动中展示自己的能力和才华，只有获得成就感，才能获得自信心。

5. 广交朋友，开放自我。 试着去接纳同学们的行为，试着去融入同学们的圈子，时刻记得自己是和他们一样的学生，主动与他们沟通，让宝贵的友谊给自己力量与支持。

不管我们是何种性格特点的人，都要善待自己，宽容自己，了解真正的自己，发现真我。同样，也要学会换一个角度去理解他人。

心灵自助餐

把烦恼写在沙滩上

有一个中年人，年轻时追求的家庭事业都有了基础，却觉得生命空虚，感到彷徨而无奈，而且这种情况日渐严重，后来不得不去看医生。

医生听完了他的陈述，说："我开几个处方给你试试！"于是开了四个处方放在药袋里，对他说："你明天九点钟以前独自到海边去，不要带报纸杂志，不要听广播，到了海边，分别在九点、十二点，下午三点和五点，依序各服用一帖药，你的病就可以治愈了。"

那位中年人半信半疑，但第二天还是依照医生的嘱咐来到海边。一走到海边，尤其在清晨，看到广阔的海，心情顿时为之开朗。九点整，他打开第一帖药，里面没有药，

只写了两个字“谛听”。他真的坐下来谛听风的声音、海浪的声音，甚至听到自己心跳的节拍。他已经很多年没有如此安静地坐下来听，因此感觉到身心都得到了清洗。

到了十二点，他打开第二个处方，上面写着“回忆”两字。他开始从谛听外界的声音转回来，回想起自己童年到少年的无忧无虑，想到青年时期创业的艰难，想到父母的慈爱，兄弟朋友的友谊，生命的力量与热情重新从他的内心燃烧起来。

下午三点，他打开第三个处方，上面写着“检讨你的动机”。他回想起早年创业的时候，是为了服务人群，热诚地工作，等到事业有成了，则只顾赚钱，失去了经营事业的喜悦，为了自身利益，也失去了对别人的关怀。想到这里，他已深有所悟。

到了五点的时候，他打开最后的处方，上面写着“把烦恼写在沙滩上”。他走到离海最近的沙滩，写下“烦恼”两个字，一波海浪，立即淹没了他的烦恼，洗得沙上一片平坦。

三、学会拒绝

不会拒绝的人，永远被别人牵着鼻子走。在恰当的时候，恰当地拒绝别人是你的权利，这会让你生活得更轻松。

——题记

心情故事

学会说"不"

刚才李丽又叫我放学后替她打扫教室，因为她要去逛街。这已经是她第三次要我帮忙打扫教室了。其实，放学后我也有许多事情要做，真想拒绝她，可话到嘴边却变成了"Yes"。我真恨自己的懦弱，有时也想尝试着拒绝朋友，可事后心里并不好受。

就像上个星期，小菲知道我新买了一套《哈利·波特》，就想借去看看，可我自己还没来得及看呢，哪里舍得借给别人，就找了个理由回绝了。两天后我在食堂碰见她，和她打招呼，可她扭头假装没看见我，害得我尴尬地收起笑脸。那顿饭吃得一点都不香。

所以很多时候，我总是尽量满足朋友的要求，不敢说"不"，害怕他们离我而去。为了朋友，我浪费了太多的时间和精力，真的不想过得这么累，却又担心失去友谊。我该怎么做才能两全其美呢？

在人际交往中，我们都渴望友谊，关心与合作是必要的。但人有社会性，也有独立性，如果在交往中过分考虑外界和他人的需要、看法，一味地顺从别人，而压抑甚至违背了自己的正当需要，就会给自己带来一些不必要的麻烦，而且，因为你的一味迁就，别人很可能会得寸进尺，提出更多过分的要求。久而久之，你会失去自己的独立性，感觉生活在别人的天空下，陷入焦虑、抑郁的情绪中。时间长了，还会形成心理问题，影响身体健康。

况且，一个人的时间、精力是有限的，你不可能满足所有人的愿望和要求。有时候，还可能因为一次疏忽，没有把朋友交代的事情办好，反而遭到朋友的抱怨："既然你做不来，为什么当初答应我？早知如此，我还不如找别人呢！"你吃力不讨好，还哑巴吃黄连——有苦说不出。真是郁闷！就算你使出浑身解数，满足了周围所有人的要求，你最后还是得罪了一个人——自己！

其实，该拒绝的事情就应当拒绝，每个人都有拒绝别人的权利，向对方说"不"就是在维护自己的基本权利，它有利于减少你不必要的麻烦，平衡自己的心态。

可能你会说，道理我都知道，可我不想因为拒绝而失去朋友啊！如果你固执地认定"拒绝朋友的要求＝友谊的破裂"，那么只能遗憾地告诉你，谁也无法帮你找到两全其美的妙计。而且，这只能说明你还没有理解什么是真正的友谊！你要知道，拒绝并不等于拒人于千里之外，你拒绝的只是对方这次的要求，而不是他本人。真诚的拒绝是会得到别人的理解的，真正的友谊决不会因为你的几次正当拒绝就中断了，能分清自己何时该伸出援助之手，何时该坚决说"不"，说明你已经能辩证地认识你与别人的关系，也才能建立真正成熟的友谊。

锦囊妙计

恰当地拒绝别人是一种艺术，是要讲究策略的。

拒绝的非语言技巧

1. 要大声地、用坚定的语调说，不要小声耳语或嘀嘀咕咕。这样可以增强你拒绝别人的勇气和信心。

2. 有目光接触。当你拒绝别人的时候，不要看着别处，要直视他的眼睛。暗示他，你的拒绝没有回旋的余地。

3. 面部表情与说话内容一致。当你告诉对方他的要求令你很为难的时候，你就要做出为难的样子，不要微笑或做出其他的表情，否则别人会认为你的拒绝是一个借口。

坚定地说“不”

例如，有朋友请你放学后陪她逛街，而你不想去。

第一步，清楚地提出你的观点：不，我今天不能陪你逛街。

第二步，给拒绝做一个说明：今天我爸爸妈妈要加班，我得早点回去照顾生病的奶奶。

第三步，提出解决问题的建议：要不，你让其他同学陪你去吧。

第四步，让别人知道你理解他的立场和感受：真是抱歉，以后有空的时候，我一定陪你。

当然，这些步骤在实际生活中，要根据不同的事情、不同的人灵活运用，只要达到目的就可以了。

现在，你觉得拒绝不是那样难了吧？那么在恰当的时候，就请你勇敢地说“No”！

另外，还有一些常见的拒绝别人的小策略，也许会适合你。

谢绝法：对不起，谢谢，这样做可能不合适。

婉拒法：哦，是这样，可是我还没有想好，考虑一下再说吧。

不卑不亢法：哦，我明白了，可是你最好找对这件事更感兴趣的人，好吗？

幽默法：啊！对不起，今天我还有事，只好当“逃兵”了。

无言法：运用摆手、摇头、耸肩、皱眉、转身等身体语言和否定的表情来表示自己拒绝的态度。

缓冲法：哦，我再和朋友商量一下，你也再想想，过几天再决定好吗？

回避法：今天咱们先不谈这个，还是说说你关心的另一件事吧……

严词拒绝法：这可不行，我已经想好了，你不用再费口舌了！

补偿法：真对不起，这件事我实在爱莫能助了，不过，我可帮你做另一件事！

借力法：你问问他，他可以作证，我从来干不了这种事！

自护法：你为我想想，我怎么能去做没把握的事？你让我出洋相啊。

心灵自助餐

学会拒绝

学会拒绝，为我们的心灵守候一片净土；学会拒绝，为我们的生活带来美好的明天。在这个高速发展的时代里，学会拒绝是我们每个人必备的良药。学会拒绝不义之财，学会拒绝懒惰享受，学会拒绝嗟来之食，学会拒绝骚扰侵害……

也许是因为我太软弱，也许是因为我太在乎别人的感受，所以在面对别人的请求时，我总不忍心说“不”。即使是无理的要求，我也总会一口答应，事后往往又特别后悔，对此，我充满了矛盾。我不止一次地下决心要学会拒绝别人，可每次面对那一双双乞求的目光，我又退缩了。

终于有一天，我做到了，我拒绝了一个无理请求。虽然它暂时会给我带来烦恼，但我相信自己做对了。有一次做作业时，经过半个多小时的奋战，我终于完成那份试卷。刚松了口气，麻烦来了。“可不可以把你的试卷借给我们看一下？”后桌轻声地问我。我清楚地知道她借卷子的目的，也明白自己已成了她们的依靠，我逃不掉了。我无奈地叹了口气，本想拒绝，却又说不出来，无奈地把试卷递给她们。后面顿时热闹起来，对的对，改的改，抄的抄。听着她们发出的声音，我心里难受极了，我知道自己在帮她们犯错误，帮她们逃避学习。但软弱的我却连拒绝的勇气都没有。难道我明知这么做不对，还要做吗？但如果不这么做……唉！随她们去吧！

我低下头，写作业，但后面的声音越来越大，眼前总时不时出现她们现在的笑脸和将来沮丧的哭脸。我无法再置身事外，也无法装着什么事也没发生，这都是我的错。忽然，一种莫名的冲动驱使我转过身，快速地从那一双双手中抽出自己的试卷。她们愣了一下，看着我严肃的面孔，似乎也明白了什么，但她们仍然用乞求的目光看着我，希望我再一次心软，放下试卷。

的确，看着她们乞求的目光，我又动摇了，心软了，感觉自己这样做太无情。可最终，我还是鼓起勇气，咬了咬牙说：“你们应该独立完成作业。”她们都沉默了，我又笑了笑说：“没关系，其实一点也不难，你们一定能完成，不试一下又怎么会知道呢。”听了我的话，她们失望了，但我知道这只是暂时的，有一天，她们都会明白这一切都是为她们好，想到这，我轻松了，心中的包袱终于卸下来了。这种无愧于心的感觉真好！

我学会了拒绝，改变了自己的软弱。我这才感觉到生活有了味道，我想善意的拒绝也应该是美的。

四、勇敢面对重男轻女

命运，不过是失败者无聊的自慰，不过是懦怯者的解嘲。人们的前途只能靠自己的意志、自己的努力来决定。

——茅盾

心情故事

抗议重男轻女

芳出生在一个重男轻女的家庭，她有一个姐姐，一个弟弟，她的妈妈当初为了躲避计划生育，怀孕后就躲到了一个远方亲戚家，直到顺利生出弟弟才回到家里。自从有了弟弟之后，家里一切都是围绕弟弟转，从小弟弟吃最好的，穿最好的，弟弟想要的都优先得到。而芳和姐姐只有看着羡慕的份。

从上小学开始，芳和姐姐放学就要分担家务，洗衣、做饭、帮忙带弟弟。芳的父亲是一个脾气暴躁的人，有时在外边工作比较辛苦，回到家就经常发脾气，姐姐和芳就成了爸爸的出气筒，稍有不如意，就骂她们，甚至还会动手打她们。姐姐初中没毕业就辍学去打工了，芳的妈妈也不喜欢她们，出门游玩的时候总是只带弟弟一个人，家务做得不好的时候会骂芳："养女儿都是赔钱货""这么懒以后没人要"等。芳变得很自卑，觉得自己是多余的，连父母都不喜欢自己、关心自己。上初中后，因为作业比较多，晚上回家还要做家务，时常完不成作业，成绩也不如以前那么好了，芳时常在想，如果现在辍学，离开这个家，去外边打工赚钱，一定会比现在好过很多。

心理解码

重男轻女的观念在中国有几千年的传统，可以说根深蒂固，没那么容易改变。心理咨询中时常会遇到一些女生有类似的遭遇。比如爷爷奶奶偏爱堂弟，不喜欢自己，因为自己是女的。还有父母偏爱弟弟，要自己什么都让着弟弟，她们觉得很不公平，心里很不是滋味。

重男轻女的思想是如何来的呢？在传统的农业社会，体力和持续力是财富生产的关键因素。从事农业生产当然离不开体力，这方面女人处于劣势。即使从事智力活动，如读书考试，由于女人要担负生育子女的任务，其持续力也比不上男人，男人更容易持续努力直至取得功名。因此在传统社会，男孩的投资价值要远远高于女孩，把有限财力投到男孩身上符合进化意义上竞争效率的原则。所以，自古以来，中国社会便有重男轻女的思想。即便是在强调男女平等的今天，社会上依然有着重男轻女的习俗，如女性在就业、升职等方面依然会受到歧视。

一项最新调查表明：如果让一个美国家庭选择生男还是生女，当事人可能更倾向于要一个男孩。盖洛普民调机构就这个问题抽样调查了1020个美国成年人，询问他们："如果只要一个小孩，是要男孩还是要女孩？"结果是40%的受访者表示他们更愿意要一个男孩，只有28%的受访者表示愿意要一个女孩，其余的表示对于男孩女孩没有特别偏好，或者说还没有考虑过这个问题。对于美国人为什么偏好要男孩，研究人员表示也不清楚个中原因。事实是，在美国，男性往往比女性赚得更多，或许这造成一种思维定式：生一个儿子更能保证家庭财政的稳定。还有另一种可能，就是美国人认为生女儿的社会风险比较大，比如一旦女儿未婚先孕的话，这在美国人看来是个很严重的家庭问题。

为什么芳的妈妈是女性，她也不喜欢女孩子呢？因为她本身也是在重男轻女的家庭里长大的。重男轻女使得许多女人在成年后找不到被尊重的感觉，她们会把自己父母对她们的经验带到后来的家庭生活里，家庭成员成了她们必然的牺牲品。从心理学的角度看，男女之间存在着互补性的角色期待，母亲亲近儿子会形成角色互补。

如此看来，重男轻女是一个普遍的社会现象。如果在一个比较严重的重男轻女倾向的家庭中长大的女孩子，她的自尊心、自信心等各方面都会受到影响，值得引起关注。

锦囊妙计

给女生的建议

1. 体谅父母。在一个延续几千年重男轻女的文化传统里，他们是很难摆脱这种重男轻女观念的束缚的。

2. 把当下的不幸当作幸运。父母重男轻女固然令你不舒服，但从另一个角度讲，这也使女孩子会变得更加自立自强，反而成就了她。在一些重男轻女的家庭里，往往女孩子的表现很出色，而儿子却表现得很平庸。

3. 真诚地和父母沟通。当你感觉到明显的不公平时，尝试着用友好的方式和父母沟通，说出自己的委屈和内心的真实感受。当父母知道你的内心世界时，可能会改变对待你的态度，毕竟女儿也是父母的亲生骨肉。

4. 从行动上来表达自己的感受，让母亲知道，儿子需要的，女儿也需要，只给儿子，女儿会难受。比如给压岁钱，儿子给多少，女儿也要给多少。母亲不给，女儿要表达不满。让母亲知道自己的行为让女儿难过。女儿可以把这些钱暂时保管，留到妈妈以后需要时给妈妈用。让父母知道，女儿是父母的贴心小棉袄，父母没有白疼女儿。

给男生的建议

1. 在宠爱下成长的男同学，不要因为自己在家庭当中获得比姐妹更多的宠爱而沾沾自喜。因为，在受到宠爱的同时，你也失去了很多锻炼的机会。养成娇纵的习气，生活自理能力差，这些不良的品性和习惯都不利于你的成长，不利于你将来很好地适应社会。

2. 千万不要忘了，你是父母将来的依靠，否则的话，就会被旁人唾弃，你自己良心上也会受到谴责。所以要自立，要努力，否则将来怎么承担得起这个责任呢？

心灵自助餐

最棒的玉米　最棒的你

一个老婆婆在屋子后面种了一大片玉米。一个颗粒饱满的玉米说道:“收获那天,老婆婆肯定先摘我,因为我是今年长得最好的玉米!”

可是收获那天,老婆婆并没有把它摘走。

“明天,明天她一定会把我摘走!”很棒的玉米自我安慰着……

第二天,老婆婆又收走了其他一些玉米,可唯独没有摘这个玉米。

“明天,老婆婆一定会把我摘走!”棒玉米仍然自我安慰着……

可是……从那以后,老婆婆很久都没有来过。

直到有一天,玉米绝望了,原来饱满的颗粒变得干瘪坚硬。

可是就在这时,老婆婆来了,一边摘下它,一边说:“这可是今年最好的玉米,用它做种子,明年肯定能种出更棒的玉米!”

也许你一直都很失望,但你是否有耐心在绝望的时候再等一下?

五、自制让生活更美好

易激怒是一种卑贱的素质，受它摆布的往往是生活中的弱者。

——培根

心情故事

坏脾气的女孩

佳佳是个坏脾气女孩，她很爱生气，为一点点小事，她都要气鼓鼓地向好朋友发火。佳佳发现，越是要好的朋友，自己就越容易向她发火。就因为她的坏脾气，好几份珍贵的友谊都失去了。刚才，好朋友向她借书，不知佳佳哪儿来的火，竟把书桌上的书都丢在地上。好朋友不知道她发什么疯，吓得不敢说话了。在学校，佳佳是爱生气的女生，回家会不会好一些呢？不会！妈妈说，女儿的脾气真成问题。在家里，爸爸妈妈都好像欠她的，问她学校的事情，她嚷嚷着让父母少管别问；问问她的成绩，她把书包底朝上一抖，书本散落一地，大喊：看吧看吧看吧…… 那样子能把人撞出二里地去。佳佳其实也特别想让自己变得宽容一点，冷静一点，可就是做不到。爸爸妈妈和老师提醒过她多少次，早已记不清了。她无数次下决心，想改掉坏毛病，可一直没效果。佳佳的脾气为什么这样不好？为什么她总会被坏情绪左右？有没有好的解决办法？

心理解码

暴躁这种不良的个性品质，通常见于性格外向兼有神经质倾向的青少年，其主要表现包括：沉不住气、易受刺激，听到一句不顺耳的话就火冒三丈，唇枪舌剑加以还击，甚至拳脚相加；受到一点刺激便大发雷霆，大声怒吼斥责别人，脸涨得通红。在他们发脾气时，老师批评他们也不服气。

暴躁这种不良的个性倾向，同遗传素质有一定的联系，有的暴躁的孩子的家庭里常有类似的成员，比如父亲或母亲，也可能是爷爷或奶奶，受长辈的影响和神经类型的遗传，孩子也变得脾气暴躁。此外，家庭教育中的放纵、溺爱也是暴躁脾气养成的重要原因。压抑的敌意也是脾气暴躁的原因之一。例如，学生对教育者有怨恨，但他无法对教师发泄，这种怨恨长期被压抑，于是他就会借任何一件小事发怒，以发泄心中的积怨，不论谁惹了他，他都会与之作对，并大发脾气。

也有学者认为情绪暴躁的原因要比人们先前所考虑的复杂得多，它是由各种各样的因素造成的。这些孩子并非愿意发脾气，故意不顺从，他们只是适应能力和自我调整能力极其有限，挫折承受力极低，遇到问题时不能像正常的孩子一样去分析和解决，于是表现为暴躁，如说脏话、打人、自己生气等等。

爱发脾气会严重影响自己的人际关系，让父母、老师头痛，让朋友远离自己，因此需要及时加以改变。

锦囊妙计

1. 认识坏脾气的危害。脾气暴躁，经常发火，不仅是诱发心脏病的因素，而且会增加患其他病的可能性。同时，坏脾气也会使自己与周围的人相处困难，人际关系紧张，不仅自己痛苦，与自己生活在一起的人也痛苦。为了确保自己的身心健康和保持良好的人际关系，应克服爱发脾气的坏毛病。

2. 及时调整情绪。如果你的情绪容易激动、兴奋,那不妨多看些散文,听一些舒缓、轻松的音乐,这会使你暴躁的情绪安定下来。另外,你还可以做一些自己喜欢的体育运动,这既可以增强你的体质,还可以让你的心态变得平和、宽容,岂不是两全其美?

3. 锻炼自己冷静思考的能力。遇事冷静思考,想想这样做会给这件事情造成什么样的后果。情绪激动时告诫自己:“发脾气有用吗?”“是否伤害自己也伤害别人?”尽量把冲突后果想象得严重些。认真对待、谨慎处理,这就是你要做的。

4. 学会换位思考。容易“火山爆发”的人,最好在说话、做事之前使自己的头脑冷静下来。不要因为一时头脑发热而到处“喷火”。你可以有意识地转移话题,不再去管这件事,直到自己冷静下来;也可以找点别的事情去做,分散注意力;还有就是时刻提醒自己要三思而后行。你想想:你爆发了,你“喷火”了,你痛快了,你尽兴了,别人会怎么样?你不会是想做一个把自己的快乐建立在别人的痛苦之上的人吧?换个位置想想,要是别人对你横眉竖眼大发雷霆,你会怎么想?

5. 常用制怒座右铭提醒自己。如“退一步，海阔天空”，当怒火即将爆发的瞬间，立即卷起舌头不讲话，闭上眼默念“忍”，或者迅速离开，去做别的事情，如跑步、踢球、打沙袋等。

心灵自助餐

喜欢发脾气的小男孩

从前，有一个脾气很坏的男孩。他的爸爸给了他一袋钉子，告诉他，每次发脾气或者跟人吵架之后，就在院子的篱笆上钉一根。第一天，男孩钉了 37 根钉子。后面的几天他学会了控制自己的脾气，每天钉的钉子也逐渐减少了。他发现，控制自己的脾气，实际上比钉钉子要容易得多。终于有一天，他一根钉子都没有钉，他高兴地把这件事告诉了爸爸。

爸爸说："从今以后，如果你一天都没有发脾气，就可以在这天拔掉一根钉子。"

日子一天一天过去，最后，钉子全被拔光了。爸爸带他来到篱笆边上，对他说："儿子，你做得很好，可是看看篱笆上的钉子洞，这些洞永远也不可能恢复了。就像你和一个人吵架，说了些难听的话，你就在他心里留下了一个伤口，像这个钉子洞一样。插一把刀子在一个人的身体里，再拔出来，伤口就难以愈合了。无论你怎么道歉，伤口总是在那儿。要知道，身体上的伤口和心灵上的伤口一样都难以恢复。你的朋友是你宝贵的财产，他们让你开怀，让你更勇敢。他们总是随时倾听你的忧伤。你需要他们的时候，他们会支持你，向你敞开心扉。"

从此之后，小男孩学会了自控，再也不乱发脾气了。

第五篇　生活充满希望

在人生漫长的岁月中，我们总会遇到各种各样的困难和挫折，这时我们首先想到的就是寻找一份希望，让自己有充足的精神、足够的理由和信心生活下去，从而克服困难，战胜挫折，赢得生活的美满幸福。

一、摆脱厌学情绪的困扰

生活赠予我们一件巨大的和无限高贵的礼品，这就是青春：充满着力量，充满着期待和志愿，充满着求知和斗争的志向，充满着希望、信心的青春。

——奥斯特洛夫斯基

心情故事

厌学

“如果我是奥特曼就好了，至少无聊时还可以打打怪兽；如果我是哆啦A梦就好了，至少他有一个口袋，什么都不怕；如果我是海绵宝宝就好了，至少被压扁了，还可以弹回去。可我偏偏是一个学生……”

面对繁重的学业，李强发出无奈的感叹。从小到大李强就不喜欢读书，用妈妈的话说就是“榆木脑袋不开窍”，李强从小比较顽皮，上课总是坐不住，所以经常受到老师的批评，渐渐地他就开始讨厌老师、讨厌学校。小学毕业时，李强在班里成绩很差。来到初中后，面对更多的学习科目，李强终日无精打采，觉得自己来到学校就是混日子，过一天算一天。有时还经常找借口向班主任请假休息。初二暑假时，他跟妈妈说，再也不想读书了，想退学。可是他才 14 岁呀，辍学回家能做什么呢？妈妈因此非常忧心，希望能够得到帮助。

心理解码

看到李强的情况，我们心里会莫名地滑过一丝悲凉。他正值大好年华，却看不到前行的方向，本该充满朝气与阳光的年龄，却被厌学纠缠得黯淡无光。

厌学是学生对学习的负面情绪表现。从心理学角度讲，厌学症是指学生消极对待学习活动的行为反应模式。发展心理学研究表明，学习活动是学龄儿童的主导活动，是儿童社会化发展的必要条件，也是儿童获取知识和智慧的根本手段。然而，有关调查发现：我国有 46% 的学生对学习缺乏兴趣，33% 的学生对学习表现出明显的厌恶，真正对学习持积极态度的仅有 21%。

学生厌学的原因

1. 家庭方面。当今社会独生子女已属普遍，许多家长对孩子期望值过高，不顾孩子的实际情况，用“神童”的标准去要求孩子，强迫孩子学外语、背诗词、弹钢琴等等，一旦孩子达不到他们要求的标准，动辄严厉惩罚，使孩子心灵受到伤害，同时对学习产生反感，甚至与家长对抗，有的还发展到因丧失生活的信心而轻生。有些学生因父母离异或外出打工等原因，缺少父母的关爱、教育，放任自流，没有正确方向的引导，性格孤僻，学习的积极性受到压抑，从而产生厌学心理。

2.学校方面。教师“厌教”，课堂没趣味，学生受影响，学习没兴趣。教师态度不正、不民主、盛气凌人，学生厌烦这样的老师，进而不愿听他上课，讨厌这一学科；教学内容不丰富，讲课照本宣科，听了收获不大，听着没劲；教法不活，满堂灌，填鸭式教学，不管你愿不愿听，讲了就算；学生课业负担重，压力越大，厌学心理越重。这样的教学，学生像受罪，怎能不厌学！

3.自身方面。学生自身的心理素质不稳定或心理承受能力欠佳，多见于过分敏感和性格内向的同学。其表现包括：对学习的期望过高，心理压力过大，精神过度紧张和疲劳，唯恐成绩下降；对考试和平时的学习信心不足，过分看重考试成绩，自卑心理严重；学习生活欠规律，学习方法不科学，不适应新的环境和老师的教学方式，不能做到劳逸结合，造成不良的身心状态。

4. 社会方面。 在商品经济大潮冲击下，社会大环境对学生产生不同程度的负面影响。近几年出现的唯利是图、“金钱万能”的陈腐观念，使部分学生的思想和心灵受到侵蚀，加之社会上“文盲大亨”的出现，致使“读书无用论”又有蔓延的趋势。没读几天书、不识几个字的人步入商海，却通过各种手段赚大钱，这对涉世未深的青少年学生影响是巨大的。

锦囊妙计

爱上学习我有招

1. 用梦想激励自己。 对未来的美好憧憬可以激发我们学习的热情。很多高三的学子通过把自己梦想的大学写在课桌上来激励自己。这里有一个真实的故事与大家分享。

这是一位教师如何激起一个叫林刚的学生的学习热情的故事。他先让林刚明确了自己奋斗的目标——考上北京大学，然后，让林刚拿起笔写下自己如果真的能考上北京大学，可以获得哪些美好的前景。于是林刚构思了很久，写道：

①让所有认识我的人对我刮目相看。

②自己争气，为爸妈脸上争光。

③成为65中历史上第一个考取北京大学的学生。

④找到一份挣大钱的工作。

⑤领略燕园的秀美风光。

⑥游故宫，逛天安门，爬长城。

⑦接受最好的高等教育。

⑧对那些看不起我的人说：“我是最棒的！”

⑨观看2008年北京奥运会。

⑩获得足够的自信，有信心去实现其他的目标。

相信不仅是林刚本人，很多人在看了这十点之后，也会觉得学习成功是一件多么令人向往的事情。枯燥的目标一旦转化成生动的想象，自然会给人一种热情澎湃的感觉。

2. 设计自己的未来。有时候，我们对学习失去兴趣，是因为我们被繁重的学习任务、厚厚的作业挡住了向前看的视线，忘记了人生之路很漫长。大家可以通过画“人生自画像”，来为自己设计一个理想的人生之旅。

①找一个安静的地方，准备好彩笔与白色纸张。

②画出你喜欢的生活环境(工作环境、家庭环境、业余爱好)。

③画出你的人际关系状况(家庭关系，同事、朋友关系等)。

④想一想，如果要实现你的人生设计，你需要付出哪些努力。

3. 从现在做起。当你有了满满的学习动力，那任何困难都挡不住你前进的脚步。从最基础的知识开始，通过不断钻研新的学习方法，加上自己的勤奋努力，一定可以实现你的人生梦想。

希望的故事

听过这样一个故事吗？

美国曾有一家报纸刊登了一则园艺所重金征求纯白金盏花的启事，在当地一时引起轰动。

高额的奖金让许多人趋之若鹜，但在千姿百态的自然界中，金盏花除了金色的就是棕色的，能培植出白色的，不是一件易事。所以许多人一阵热血沸腾之后，就把那则启事抛到九霄云外去了。

一晃就是20年，一天，那家园艺所意外地收到了一封热情的应征信和一粒纯白金盏花的种子。当天，这件事就不胫而走，引起轩然大波。

寄种子的原来是一个年逾古稀的老人，是一个地地道道的爱花人。

当她二十年前偶然看到那则启事后，便怦然心动。她不顾八个儿女的一致反对，义无反顾地干了下去。她撒下了一些最普通的种子，精心侍弄。

一年之后，金盏花开了，她从那些金色的、棕色的花中挑选了一朵颜色最淡的，任其自然枯萎，以取得最好的种子。次年，她又把它种下去。然后，再从这些花中挑选出颜色更淡的花的种子栽种……日复一日，年复一年，终于，二十年后的一天，她在那片花园中看到一朵金盏花，它不是近乎白色，也并非类似白色，而是如银如雪的白。

一个连专家都解决不了的问题，在一个不懂遗传学的老人手中迎刃而解，这是奇迹吗？

当年曾经那么普通的一粒种子，也许谁的手都曾捧过，只是少了一份对希望之花的坚持，少了一份以心为圃、以血为泉的培植与浇灌，才使生命错过了一次最美丽的花期。种在心里，即使一粒最普通的种子，也能长出奇迹！

这个故事告诉我们，只要我们心存希望，只要我们心中有一颗希望的种子，那么就一定会创造出奇迹。

二、海内存知己，天涯若比邻

一个人的得与失，是守恒的，在一个地方失去了一些，就一定会在另一个地方找回一些。就像上帝为你关闭了一扇门，就一定会为你打开一扇窗。

——《圣经》

心情故事

找不到知心朋友

梅是一位青春期的少女，她常常因为找不到知心朋友而苦恼。下面是她自己讲述的故事。

我在小学时转过一次学，转学前我和班里的同学关系都很好，几乎每个人都可以成为知心朋友。四年级时我转学了，转学后和以前的同学就没有联系了。新学校很好，同学对我也很好，但知心朋友几乎没有，只有一个关系很好的(现在还保持联系)，但她总是撒谎骗我，我被她骗了好几次，我是小学毕业后才知道自己被骗了。当时我

真的非常伤心，想和她绝交，但后来发现小学时自己和她走得太近，以至于除她以外没什么朋友，内心感觉很悲哀。

上中学后，我在班里尽量和同学们好好相处，和很多人都是朋友，但她们都有自己的圈子，我怎么也融不进去。她们都有自己的好朋友，我有一个关系算是最好的中学朋友，她和我们班班长一开学就认识，关系比我和她更亲密，有时她们俩聊着聊着就把我给忘了。

为了交到知心朋友，我总是主动寻找话题，谈她们感兴趣的事情，这样真的很累。但在她们的圈子中，我怎么看都像是个局外人。另外，我们班班长人真的很好，我从一开学就很喜欢她，很想和她成为好朋友，可无论我怎么做，她对我都是爱理不理的，我真的很伤心。现在，我天天都在用自己所不喜欢的方式和班上的同学相处，怕破坏和他们的关系，害怕又失去为数不多的朋友。我真的十分想找到知心朋友，我该怎么办？

心理解码

青春期的学生渴望友谊，喜欢与同伴一起交流、活动，分享彼此的喜怒哀乐，但同时他们又非常敏感、脆弱，害怕在人际交往中受到伤害，把欺骗、背叛看得很严重。梅是一个内心善良、敏感的女孩，她渴望亲密的朋友关系，却一直没有找到自己的知心朋友。小学阶段的转学让她失去了以前的好朋友，新学校结识的朋友却总是欺骗她，这段经历让她对朋友的交往变得比较慎重，再选择新的朋友时内心会提高要求。当她进入初中后，好不容易找到一个可以深交的朋友，却陷入“三人行”的朋友关系，对方有更亲密的朋友，让她非常苦恼。俗话说，知己难觅，大概就是这个道理吧。

知己是朋友，但朋友不一定是知己，知己是朋友的最高层次，知己是无话不谈的好朋友。知己主要是满足彼此倾诉或是依赖的需求。人是有感情的动物，每一个人的需求都不同，每一个人的愿望也都不同，所以差别也就在所难免，要找到一个无话不谈的朋友是一件非常困难的事情。

随着年龄的增长，学生对朋友的要求越来越高。年幼的时候，能够一起玩游戏的伙伴就是朋友；初中阶段，我们希望能够找到可以进行思想交流、获得情感支持的知心好友。对朋友的要求提高了，很多人会感到知己难求。

在青少年阶段，同伴关系慢慢会超越亲子关系，在中学生的人际交往中占据越来越重要的位置。有很多事情我们不愿意与父母分享，而愿意跟亲密好友分享，当没有寻觅到知心朋友的时候，很多人会产生焦虑、抑郁、孤独的情绪感受，所以，青少年是需要有亲密朋友的，当在这方面受挫的时候，应该及时调整。

锦囊妙计

1. 随着环境的改变，友谊有时也会发生变化。无论是谁都要经历变化，曾经很亲密、无话不谈的朋友，因为你们有共同的生活空间，共同的话题，也许你们的思维方式、价值观等等都是差不多的，所以你们是很要好的朋友。但是随着时间和环境的变化，大家不在一起了，都有了新的朋友圈，相互联系与谈论的话题会减少，所以有时不要太苛求一成不变的友谊。

2. 知心朋友都是从普通朋友慢慢发展来的，不要期望一下子就能找到知心的人。要想找到可以交心的朋友，千万不能着急，因为这种人是可遇不可求的。看看在你困难的时候，哪些人会真心帮助你，在你成功的时候，又是哪些人发自内心地祝福你，那些才是你的好朋友呢！

3. 真诚对待朋友。俗话说“己所不欲，勿施于人”，你期望别人如何对待你，那么你首先要这样对待别人。想要寻找到一位知己，首先要完善自己的性格，以诚待人，这样才能得到对方的尊重与真诚。

与朋友相处的方法

1. 找出与对方的共同点

任何人都有这样一种心理特性，例如，同一故乡或同一母校的人，往往不知不觉地因同伴意识、同族意识而亲密地团结在一起，同乡会、校友会应运而生，这有利于良好人际关系的形成。

2. 表现出自己关心对方

这必然会赢得对方的好感，记住对方说过的话，事后再提出来当话题，也是表示关心的做法之一。尤其是兴趣、爱好、梦想等，就对方而言，这是最重要、最有趣的事情，一旦提出来做话题，对方一定觉得愉快。

3. 以笑声回应对方，做个忠实的听众

适时的反馈，可以使对方摒弃陌生感、紧张感，双方同时笑起来，无形之中产生了亲密的气氛。

4. 谈谈自己的失败

聊天最容易在短暂的时间里产生亲密关系，尤其是谈论自己的失败经验，效果更好。注意不要一味地谈自己成功的经验，这会招来他人反感，表现出你是一个自高自大又爱吹嘘的人。

5. 对人要大度，宽以待人

宽容是一种美德，宽容别人也就是善待自己，这是人生的辩证法，你能容人，别人才能容你呀！

6. 先征求对方的意见

先斩后奏往往会造成别人的反感和不愉快，即使别人不表现出来，也会留下阴影，影响你的人际关系。有些事情，先征求对方的意见，本来别人是不乐意的，但由于你诚恳地征求别人的意见，最后别人就同意了，因为人人都希望得到别人的尊重，不愿被别人忽视和遗忘。

7. 善意的建议

与人交往，不要什么意见都提，什么话都讲，要尊重人、理解人，有建议要表示出你的善意，不要使人感觉到你充满敌意。善意的建议，会使人感到你是真心实意在帮助他，这样会融洽彼此的关系。

8. 指出对方身上积极的微小变化

如一个你熟悉的女孩穿了一件漂亮的衣服来上学时，你表示出自己的关心和注意，这会引起对方的好感，缩短彼此之间的距离，且随着谈话的深入，很有可能你们会成为谈得来的好朋友。

9. 记住对方“特别的日子”

如生日，人人都希望被人重视和关怀，记住对方的特别的日子，会使对方产生感激之情，知道你是一个细心、热情的人，并愿意主动与你交往。

10. 引导对方谈得意之事

人都希望被他人肯定，希望大家认为自己有能力。引导对方谈得意之事，在对方畅所欲言时，也就在对方心中留下了你是一个善解人意、谦虚、诚恳的人的好印象，大家都希望与具有这种个性品质的人打交道，这非常有利于人际关系的形成。

11. 主动与人打招呼

有些人并不是清高，而是没有主动与人打招呼的习惯，结果很多必要的、重要的关系就自动放弃或者没有抓住。主动与人打招呼，它会使别人改变对你的看法和印象，认为你是一个随和的人、和谐的人、开朗的人、心胸宽广的人，这有利于你良好人际关系的形成。

12. 加强自身修养，注重外在形象

一个满口脏话、尖刻、不诚实、不修边幅、着装古怪的人，一般很难交到知心朋友，人际关系也不会太好；而一个高尚、宽宏大量、穿着整洁的人，往往容易受到别人的尊敬，大家也喜欢接近他，这样的人，人际关系一般都很好。

三、接受新家

在你疑惑不解的时候，有一种声音告诉你答案，是希望；在你迷茫无助的时候，有一只手，冥冥中帮助你，是希望；在你穷困潦倒时，有一笔财富默默救助你，是希望；在你走投无路时，有一盏明灯为你照亮前行的路，是希望。

——郝爽竹

心情故事

我在新家不开心

秀秀因为朋友关系来找我咨询，她有两个关系不错的朋友，最近她感觉其中的一个对她有误解，心里特别害怕失去朋友。我感觉朋友问题只是她的表面问题，就反问

她："朋友对每个人都是很重要的，但是我感觉你仿佛特别在意朋友关系，比较重感情，是吗？"秀秀听了，眼泪就出来了，她说："我的父母在我很小的时候就离婚了。离婚的时候，他们为了争家产，吵得不可开交。但是，谁都不想要我，觉得带着我生活是个累赘。最后，法院把我判给了爸爸。爸爸工作比较忙，就把我丢在奶奶家，一个月才回来看我一次。奶奶还算比较疼我，照顾我的生活。但是，我经常觉得自己是被父母抛弃的孩子，没有人疼爱。初中后，爸爸把我接到他身边读书，对我也还不错，刚开始我很高兴，觉得爸爸还是心疼我的。可是没过多久，我发现爸爸有个女朋友，他们走得很近。果然，去年暑假，爸爸跟我说他要结婚了。我心里难过极了，但我知道我没有办法阻止他，只好接受了。爸爸结婚后，很少再关心我，新妈妈在爸爸面前对我很热情，但是背后却非常冷淡。我觉得自己再一次被爸爸抛弃了。我对朋友很好，因为我怕失去他们，我已经失去了亲情，我怕连那仅有的友谊也失去了。"

心理解码

秀秀在交友中遇到的问题是因为父母离异导致的，父母离异让她产生强烈的被抛弃感，觉得自己不被重视，进而影响她的人际关系。她非常渴望友谊、害怕失去朋友，这种过分的担心可能会令她的人际关系紧张。

随着社会离婚率的上升，越来越多的孩子遭受家庭破碎带来的痛苦。他们要面临部分亲情的缺失，没有办法得到父母正常的关爱，父母新组合家庭的再磨合等问题。父母离异对孩子的影响主要表现在以下四个方面。

1. 他们容易产生强烈的自卑感、被遗弃感、怨恨感等消极情绪。

这些消极情绪必将影响他们与同伴的交往活动，最终影响到他们的人际交往、同伴关系，造成他们与人交往能力的下降。在我多年的教学中，发现多起因父母离异，子女在情绪、情感上发生大的变化的事例。他们在父母离异的过程中以及离异后，表现出胆小怕事、孤僻、易怒、走极端、不相信人等，这些行为和性格直接影响到他们与周围的同学、师长、朋友的交往。

2. 他们容易缺失生活和学习上的自信心。

大多数离异家庭的子女有不同程度的行为障碍。由于家庭的破裂，导致家庭教育的残缺不全，生活在单亲家庭中的子女往往缺乏较好的生活教养和学习上的指导，同时，由于家庭破裂给他们的心灵蒙上一层阴影，致使他们丧失生活和学习上的信心，在行为上具有较多的反常表现，如易怒；与父亲或母亲产生强烈的对抗情绪；由于感受不到家庭温暖而容易受到外界不良行为的影响，行为的反社会倾向比较严重等。正因为如此，原是优等生的学生生活态度发生不良的改变，学习成绩出现明显的下滑，甚至结识不良的社会人员，走上犯罪的道路。

3. 他们容易出现较严重的性格缺陷，个性形成和发展受到严重影响。

在个性塑造上，父母亲是子女的首任教师，而离异家庭带给子女的却是残缺不全的个性影响与教育，这样也将造成子女后天性格中的缺陷。有的离异父母抱着补偿子女或者视子女是今后生活的包袱等心理来处理与子女的关系，致使子女在性格形成中，出现多种缺陷。

4. 他们心灵上受到的创伤有很长时间的持续性，难以平息和恢复。

我所接触到的高中阶段的学生中，不少离异家庭的子女，父母在他们小学阶段就离异了，但当我问及他们的父母亲时，他们一般都是闪烁其词，不愿多谈父母和家庭。这种现象表明：父母离异的阴影，至今还在影响他们的心理健康，成为他们永久的一块不愿揭开的伤疤。

锦囊妙计

1. 改变认知，接受父母离异的现实。家庭的完整、幸福，是每个青少年的良好愿望。当一切努力都失败以后，就尊重父母的决定。父母所做出的决定，一般都经过了深思熟虑，自有他们的道理。父母之间的感情问题，远非青少年所能理解。或许父母的结合本身就是一个错误，两个人根本就不曾相爱；或许原有的感情早已荡然无存，仅仅是为了孩子、为了面子，硬要生活在一起，这对父母、对孩子都是一种痛苦。

2. 父母虽离异，但你们的血缘关系仍然存在着。父母因为各种原因而无奈选择离异，他们之间的关系结束了，而你作为他们的子女，与任何一方的亲子关系都将永远存在。他们给了你生命，共同养育了你，他们给了你无限的爱，你也深深地爱着他们。你不想失掉任何一方，因为他们是你的亲生父母，这种血缘的纽带已经把你和他们紧紧地连在了一起。一定要明确地告诉父母，他们两人虽已不再属于对方，但他们仍然属于你。

3. 接受生活的改变。无论你选择了跟谁生活，无论你和父母对离异后的事情处理得多完善，你原来的生活方式被打乱了，这是不可否认的客观现实，应有足够的思想准备。比如，要随父亲或母亲搬到新的“家”，远离熟悉的亲人、同学、老师。这个新环境可能远不及以前，但你得学会适应它。抚养你的父母为了生计，在家陪伴你的时间少了，不但照顾不上你，恐怕还需要你的照顾。不要责怪、埋怨，勇敢地面对这些变故，处理好与父母的关系。你得到的报偿是成熟。

4. 我们需要对自己的生活负责。无论父母离异与否，我们都要对自己的人生负责。父母有权利选择自己的生活方式，那是他们的决定，我们没有办法干预。但是我们可以做好自己，养成乐观、坚强、宽容、大度的个性，笑看生活中的苦与乐。不要以家庭的不幸为借口，自甘堕落，被挫折打败。并不是所有父母离异的孩子都成长得不好，我们应该向那些优秀的学生看齐，以他们为榜样，做好自己。

心灵自助餐

在心里种下春天

前几日去登山，在一高坡处，迎风而立，极目远眺，顿时觉得心情舒畅。身边一个小女孩，拉着妈妈的手，嚷嚷着：“妈妈，这里真漂亮啊，满树的嫩绿。”那位妈妈抚摸着女孩的头，关切地说：“孩子，绿色是春天的种子，只有先播种才会有收获啊！”小女孩不解地问：“春天的种子？那我要把它种在我的心里，给它足够的温暖，让它快快长大。”那位妈妈笑了笑将小女孩搂在了怀里。我看到在随风飘曳的树丛中，一些枯叶纷纷坠落，但枝头上挂着嫩嫩的绿叶，令人心生几分暖意。

多么贴切的形容、多么生动的注解啊！春天是什么？在孩子的眼中，就是一粒种子，一粒充满希望和生机的种子。尽管南国的冬天不像北方那般万木凋敝，萧然苍凉，但大多数树木还是失去了往日的苍翠，风采不再，可枝头的那一抹抹新绿，却让人在冬日感到暖意。

英国诗人雪莱说："冬天来了，春天还会远吗？"这极富哲理的话语，通晓人心，鼓舞斗志，它预示着一种自然规律的轮转，也体现出一种人生的智慧与态度。

人的一生，总会遭遇各种挫折甚至险境，这些遭遇不就是冬天里的严寒与冷风吗？面对这种磨砺和坎坷，有的人成功地越过去并攀上了高峰，而有的人却永远倒下了。殊不知，在这严冬过后，将是温暖的阳光和似锦的繁花，因为春天就在不远处。当一个人在困境中，百般痛苦地挣扎时，除了信心、坚韧之外，在他们的心中一定埋藏着春天的种子。经过一番寒彻骨的洗礼后，在辛勤的培育下，这粒种子总会生出绿意盎然的繁枝。

把春天种在心里，种下的是坚韧、希冀、祝福，收获的将是成功的喜悦；把春天种在心里，种下的是乐观、自信、洒脱，收获的将是明媚的阳光；把春天种在心里，种下的是雨露、花香、鸟语，收获的将是满目的苍翠；把春天种在心里，种下的是激情、梦想、未来，收获的将是人生的自信；把春天种在心里，种下的是青春、朝气、活力，收获的将是满园的春色。

四、给自己鼓掌

生活不可能像你想象的那么好,但也不会像你想象的那么糟。我觉得人的脆弱和坚强都超乎自己的想象。有时,我可能脆弱得一句话就泪流满面;有时,也发现自己咬着牙走了很长的路。

——莫泊桑

习惯的力量

高二的李楠是文学社的成员,他用自己的故事讲述了好习惯的力量。让我们一起来分享他的成长经历吧。

白驹过隙，我已临近学业水平测试，到了“生死攸关”的时候。随着日子的逼近，莫名的压力、紧张感一下子出现，让我措手不及。因为之前的懒惰造成现在的情况，我后悔，后悔当初为什么没有好好地学，快考试才来学习。可惜后悔有什么用，倒不如用叹息、后悔的时间来挽回之前的不足。

我连续近一个月聚精会神地听课，努力让自己保持清醒，不放过任何细节。一时之间很难做到，但是咬紧牙关坚持下来，我发现自己不但可以适应，而且渐渐开始养成习惯了。之前习惯悠闲的生活，简单又乏味，总让我感觉失去了点什么。几米曾说：“习惯让人有种莫名的安全感，却又有种莫名的寂寞。而你永远不知道，你的习惯会让你错过什么。”好的习惯让我的人生渐渐充实起来，忙碌的日子虽然很辛苦，但又很值得。

心理解码

李楠的成功在于他坚持用好的学习习惯改变了以前不良的学习习惯。在中学阶段，学业的压力会逐渐增加，如果缺乏系统而良好的学习习惯，那我们很难轻松应对如此繁重的学业压力。

有句话说：“行为变成了习惯，习惯养成了性格，性格决定命运。”很大程度上，正是不同的习惯造就了不同的人生。每个人的种种习惯，或使你止步不前，或使你激流勇进。而培养良好的习惯是从平庸走向卓越的关键。何谓良好的习惯呢？它是一种持之以恒的秉性，它能够修正你的不足，历练你的性格，增添你的涵养，使你牢牢把握前进途中的正确方向，从而使你超越平凡，脱颖而出。养成了良好的习惯，就如同掌握了达到目标的技巧，它将贯穿成功人生的始终。克服坏的习惯并非像人们想象的那么痛苦艰难，用好的行为代替不好的行为，比如用晨练代替睡懒觉，好的习惯就养成了。只要行动起来，习惯的力量会把命运之舟推向成功的彼岸。

本杰明·富兰克林说：“一个人一旦有了好习惯，那它带给你的收益将是巨大的，而且是超出想象的。”这是他亲身体验得出的结论。富兰克林在青年时期，发誓要改掉坏习惯，养成好习惯。他给自己制订了克服13个坏习惯的计划，取得了意想不到的良好效果。比如，为了改变自己夸夸其谈的坏习惯，他给自己选择了“沉默”，要求自己做到于人于己有利之言才说，避免自以为是的空谈。他为了保证有更多的时间用于学习，在计划的一条里，规定自己几点起床，几点吃饭，几点阅读，使生活有条不紊。后来有朋友说他常常表现出骄傲情绪，他又把养成“谦虚”的好习惯列入计划。他每周选出一种缺点进行矫正，每晚必须做自我反省，每天记录自己努力的结果。有时坏习惯没有彻底改变，尚未达到理想标准时，就再延长矫正一周，直到好习惯代替了坏习惯为止。富兰克林能成为引导美国走上独立之路的爱国者，能成为著名的科学家，能成为最受美国人尊敬的人，这与他改变坏习惯、养成好习惯分不开。

成功的人有一个共性，那就是基于良好的习惯养成的日常行为规律，他们并不比别人更聪明，而是好习惯让他们变得更有教养、更有知识、更有能力。他们并不比普通人更有天赋，但好习惯却让他们训练有素、技巧纯熟、准备充分。成功人士不一定比普通人更有决心或更加努力，但是，好习惯却放大了他们的决心和努力，让他们更有效率、更有条理。

锦囊妙计

如何养成好的生活习惯

其实，要养成一个好的习惯也不是一件非常困难的事情。你一年就可以改掉你的一个坏习惯，养成一个好习惯，一般会经历以下过程。

1. 一个星期的不习惯、不自然，在这个星期里，你时刻注意着自己的行为是否符合要求，不停地提醒自己需要改变坏习惯，养成好习惯。

2. 接下来三个星期是不习惯、已自然，在这段时间里，你不一定要时刻来提醒自己，只要隔三岔五地检查自己就可以了，但是，这期间很容易半途而废，所以也相当关键，一旦发现有什么偏离就需要及时让自己归位哦！

3. 过了90天，已习惯、已自然，在这段期间，你也需要偶尔检查自己的习惯，但是只要前两个期间做得好，这期间就轻松多了。

4. 在你经常看得到的地方贴上标签，提醒自己正在改变习惯，这样，一来可以时刻提醒自己，二来也起到一个加深印象的作用。

5. 不要心急，不要希望自己一下子能改变很多习惯，变得很完美，这样你将什么习惯都改不了，一个一个来，将你需要改变的坏习惯全记录下来，由重至轻改变习惯。

6. 好了，你将会慢慢地变成一个拥有良好习惯的人了！

给自己鼓掌

一个穷困潦倒的青年，流浪到巴黎，期望父亲的朋友能帮自己找一份谋生的差事。

“精通数学吗？”父亲的朋友问他。青年羞涩地摇摇头。

“历史、地理怎么样？”青年还是不好意思地摇摇头。

“那法律呢？”青年窘迫地垂下了头。

“会计怎么样？”

……

父亲的朋友接连发问，青年都只能摇头告诉对方，自己似乎一无所长，连丝毫的优点也找不出来。

“那你先把自己的住址写下来吧，我总得帮你找一份事做呀。”青年羞愧地写下了自己的住址，急忙转身要走，却被父亲的朋友一把拉住：“年轻人，你的名字写得很漂亮嘛，这就是你的优点啊，你不该只满足找一份糊口的工作。”

把名字写得好也算是优点？青年在对方眼里看到了肯定的答案。

数年后，青年果然写出了享誉世界的经典作品。他就是法国19世纪的著名作家——大仲马。

这个故事是不是对你有所启发呢？有时候你感到自己毫无长处，其实你只看到了表面现象。人绝不会一无是处，即使你有再多的不足，如丑陋的面容、缓慢的语速、笨拙的动作，这都不是你的错，千万别把自己“一棍子打死”。你的身上一定会有一些诸如“能把名字写好”这类小小的优点，但这些优点常常由于自卑等原因被你忽略了，更不要说慢慢地放大它了。

五、换个角度看问题

要坚信这一点：一切都会变的，无论受多大创伤，心情多么沉重，一贫如洗也好，都要坚持住。太阳落了还会升起，不幸的日子总会有尽头，过去是这样，将来也是这样。

——题记

心情故事

不喜欢数学老师

期中考试结束，因考试成绩不理想来咨询的学生比较多，青也是其中的一个。他说这次考试成绩下滑，主要是因为数学老师。上初二后，换了一个新的数学老师，这个老师很古板，上课不苟言笑，讲话一点也不幽默，同学们都不太喜欢他。有一次，青在数学课上帮同学传纸条，居然被他点名批评，一点也不留情面，让青觉得很没面子，

也更加讨厌数学老师了。从此以后上数学课，青总是没精打采、走神、开小差，总之，数学老师上课讲的内容基本上都没有怎么听，课后的数学作业也是抄抄同桌的了事。可想而知，数学成绩会怎么样了。青觉得这样下去肯定不是办法，父母那里不知道怎么交代，还有中考怎么办呢？可是，他就是没有办法改变对数学老师的看法。

心理解码

中学期间因为不喜欢老师而影响学习成绩的例子有很多，一方面，因为他们年龄比较小，受教师个人魅力的影响还比较多；另一方面，因为他们看问题比较片面，往往因为不喜欢某个老师的某个方面，而从整体上否定老师。可以说，师生关系的好坏是学生学业成败的重要影响因素之一。

学生不喜欢老师的原因五花八门，概括地说主要有五类。第一类，因为老师外形不好、口音、习惯性动作、邋遢、生理缺陷等。第二类，因为教学以外的事情处理不公，或者听说过对他不利的传言，或者学生认为他虚伪、做作等，造成对老师人格的蔑视和反感。第三类，因为老师对学生忽视、小看或者曾经侮辱过，或者由于误解而错误地批评过学生，使学生心怀不满。第四类，因为老师年轻缺乏经验，或者古板，教学能力不太强，让学生无法对他讲授的课程发生兴趣。第五类，因为学生本身没有学好，但找不到很好的理由开脱的时候，学生会拿这位老师让人讨厌作为借口。不仅如此，还会强调有多少同学也和他一样不喜欢这位老师。当然，这种情况不仅巧妙地蒙蔽了家长，也把自己欺骗了。

学生一旦讨厌某个老师，就会一直拿着放大镜去寻找老师身上的缺点，结果就是越看越反感，越反感越不想学。在初中生的学习动机中，老师和家长的影响占了最大比例。当学生得到某个老师的肯定或表扬时，就会喜欢这位老师，从而喜欢上他所教的这门学科，就会有很强的学习动力，成绩会越来越好。相反，若是遇上不喜欢的老师，特别是还受到这位老师的批评时，就会讨厌这门学科，从而导致学习成绩下降。

锦囊妙计

1. 每位老师的教学风格都不一样，试着去接受每位老师的教学风格，从多个角度看问题。幽默风趣的老师大家都喜欢，但是严谨认真的老师会培养你缜密的思维和认真做事的态度，这让你今后受益匪浅。

2. 明确学习的最终目的是为了扩大自己的知识面，陶冶自己的情操，为自己将来赢得更多筹码。所以，不要让老师左右你的学习。

3. 学习依靠自己，老师讲课只是我们获取知识的重要手段之一。所以，上课要认真听讲，积极思考。另一方面，我们自己的努力很重要，课前的预习，课后的复习，查阅资料等，我们要从依赖老师过渡到依靠我们自己。

4. 向班上不受老师影响的同学讨教秘诀，毕竟成绩下降，最吃亏的还是你自己，别拿自己的前途和老师赌气。

5. 把老师所教的知识与老师这个人分开，你可以不喜欢这位老师，但你要学他教的知识。

6. 学会控制自己的情绪，锻炼自己的包容力，并且努力寻找老师身上的优点，尝试着看看自己有没有把讨厌的人变为喜欢的人的气度。

“牛仔大王”李维斯的故事

“牛仔大王”李维斯的西部发迹史中曾有这样一段传奇。

当年他像许多年轻人一样，带着梦想前往西部追赶淘金热潮。一日，他发现有一条大河挡住了他的路。苦等数日，被阻隔的行人越来越多，但都无法过河。于是陆续有人向上游、下游绕道而行，也有人打道回府，更多的则是怨声一片。而心情慢慢平静下来的李维斯想起了曾有人传授给他的一个“思考制胜”的法宝，是一段话：“太棒了，这样的事情竟然发生在我的身上，又给了我一个成长的机会。凡事的发生必有其因果，必有助于我。”于是他来到大河边，“非常兴奋”地不断对自己说：“太棒了，大河居然挡住我的去路，又给我一次成长的机会，凡事的发生必有其因果，必有助于我。”果然，他真的有了一个绝妙的创业主意——摆渡。没有人吝啬那一点小钱，都坐他的渡船过河，迅速地，他人生的第一笔财富居然因大河挡道而获得。

一段时间后，摆渡生意开始清淡。他决定放弃，并继续前往西部淘金。来到西部，四处是人，他找到一块合适的空地方，买了工具便开始淘起金来。没过多久，有几个恶汉围住他，叫他滚开，别侵犯他们的地盘。他刚理论几句，那伙人便失去耐心，一顿拳打脚踢。无奈之下，他只好灰溜溜地离开。好不容易找到另一处合适的地方，没多久，同样的悲剧再次重演，他又被人轰了出来。在他刚到西部那段时间，多次被欺负。终于，最后一次被人打完之后，看着那些人扬长而去的背影，他又一次想起他的“制胜法宝”：“太棒了，这样的事情竟然发生在我的身上，又给了我一次成长的机会，凡事的发生必有其因果，必有助于我。”他真切地、兴奋地反复对自己说着，终于，他又想出了另一个绝妙的主意——卖水。

西部不缺黄金，但似乎自己无力与人争雄；西部缺水，可似乎没什么人能想到它。不久他卖水的生意便红红火火。慢慢地，也有人参与了他的新行业，再后来，同行的人越来越多。终于有一天，在他旁边卖水的一个壮汉对他发出通牒：“小个子，以后你别来卖水了，从明天早上开始，这儿卖水的地盘归我了。”他以为那人是在开玩笑，第二天依然来了，没想到那家伙立即走上来，不由分说便对他一顿暴打，最后还将他的水车也一起拆烂。李维斯不得不再次无奈地接受现实。然而当这家伙扬长而去时，他却立即开始调整自己的心态，再次强行让自己兴奋起来，不断对自己说：“太棒了，这样的事情竟然发生在我的身上，又给我一次成长的机会，凡事的发生必有其因果，必有助于我。”他开始调整自己注意的焦点。他发现来西部淘金的人，衣服极易磨破，同时又发现西部到处都有废弃的帐篷，于是他又有了一个绝妙的好主意——把那些废弃的帐篷收集起来，洗干净，就这样，他用帐篷缝成了世界上第一条牛仔裤！从此，他一发而不可收，最终成为举世闻名的“牛仔大王”。